徐永海　编著

空 | 手 | 道

"型"

—— 筑基锻体篇

上海交通大學出版社
SHANGHAI JIAO TONG UNIVERSITY PRESS

内容提要

本书作为空手道“型”的基础性教材，包含了空手道教学过程中的基础性动作要领以及一些基本套路。全书共分为十讲：首先对空手的礼节，基本步、站、手法以及基础防御做了详细的解释；然后通过基础套路平安初段到平安五段对上述技能进行运用上的熟练掌握；最后展示一部分中高难度的套路来对学员的武技进行提升。考虑到本书的读者都是空手道的初学者，在编写过程中，尽量按照知识传授和基础技能提升循序渐进的规律出发，不仅内容的编排顺序符合一般思维习惯，衔接也相对自然。而且图文并茂，浅显易懂，配合光盘内容的解说，有助于初学者对难点的理解和掌握。

图书在版编目(CIP)数据

空手道“型”.筑基锻体篇 / 徐永海编著. —上海: 上海交通大学出版社，2015

ISBN 978-7-313-13508-7

Ⅰ.①空… Ⅱ.①徐… Ⅲ.①空手道—教材 Ⅳ.①G886.5

中国版本图书馆 CIP 数据核字(2015)第 173549 号

空手道“型”

——筑基锻体篇

编　　著：徐永海

出版发行：上海交通大学出版社

地　　址：上海市番禺路 951 号

邮政编码：200030

电　　话：021-64071208

出 版 人：韩建民

印　　制：上海华业装璜印刷有限公司

经　　销：全国新华书店

开　　本：889mm×1194mm　1/16

印　　张：9.25

字　　数：211 千字

版　　次：2015 年 8 月第 1 版

印　　次：2015 年 10 月第 2 次印刷

书　　号：ISBN 978-7-313-13508-7/G

　　　　　ISBN 978-7-88844-979-4

定　　价(含光盘)：65.00 元

序　言

提起空手道，国人要么以为是日本的，要么跟跆拳道混淆。这也是笔者经常要解释的两个问题。

其实，空手道原名唐手，源于中国，发扬于日本，是日本武道文化与中国传统武术的结合体。相对于中国武术，空手道更注重实战性；相对于跆拳道，空手道则更注重于拳法的运用。而在“型”的练习中，其腿法占的比例相对不多。

习武大致可以分为三种类别：击，道，术。三者侧重点各不相同。（搏）击，（拳）击侧重的是身体的力量控制；（空手）道，（茶）道侧重的是坚忍的过程，对毅力的磨炼；（武）术，（剑）术侧重的是内心的修炼以及“气”的掌控。殊途同归，只要能真正地投入热情与努力，任何一种运动都能给你带来健康与充实感。

尚武精神，伴随着人类从野蛮走向了文明。在现代社会中，人们更多的是希望保持健康的身体，充沛的精神以及对生命的敬畏之心。空手道最初是作为一项武术格斗，保护习武者自身免受敌人的侵害。在艰苦的研习过程中，也自然形成了一种有效的教育方式来培育习武者健康的身体和高尚的武德。

人类世界不管如何变化，尚武精神始终应贯穿其中。为了让更多人了解空手道这项以“道”为主要修炼目的的格斗技能，让儿童、青少年甚至是成人能够更好地培养自身健康的人格，有一个正能量传播的途径。《空手道“型”——筑基锻体篇》就应运而生了。

希望本书的出版能让大家对于空手道“型”有所了解；通过对本书的学习，能够热爱上这项源于中国的武技。空手道是一生的锻炼，让人们因为空手道的练习而在有限的生命中得到无限的自我升华。

徐永海

2015 年春写于上海

目　录

第一讲　空手道概述

一、空手道起源与发展

图 1-1　世界空手道联盟徽标

空手道起源于历史上的琉球王国(今琉球群岛),在明朝,中国拳法随中国移民来到了琉球，结合了当地的格斗术琉球手发展成了唐手。后唐手传入日本本土,结合了日本传统武术最终成为了今日的空手道。

空手道从其起源地可分为首里手、那霸手和泊手。按其发展方向可分为传统空手道,全接触空手道以及竞技空手道等,其中最主要的几个流派为松涛馆流,糸东流,刚柔流,和道流和极真会馆。前四大流派属于传统空手道分支,强调对“型”(套路)的修炼,在“组手”(实战)比赛中,运用寸止(不以击倒对手为目的)这一较为安全的竞技规则,在日本及欧洲大部分国家占主导地位。极真会馆虽然崛起较晚,但是通过其成功的营销手段以及以击倒对手的全接触打法这一理念吸引了很多年轻人,在欧美等地颇为流行。

空手道的起源与相关知识,在本书中不予详叙。相信读者可以通过查阅相关资料,获得更详尽的有关知识,本书重点在于“型”的介绍与演练。

1. 世界空手道联盟

20 世纪初空手道公开演武,此后在全世界迅速发展。1970 年,全日本空手道联盟主持了第一次世界空手道锦标赛，并成立了“世界空手道联合会”;1994 年日本广岛第十二届亚运会空手道首次成为正式比赛项目;2010 年 11 月 24 日—11 月 26 日空手道是广州亚运会特色项目之一。近年来,空手道运动在世界范围内得到广泛的推广和普及。从“世界空手道联盟”发表的统计数字表明,其会员协会已超过了 100 个国家或地区,成员高达 3500 多万人。

当前空手道正式的国际组织为世界空手道联盟(WKF),正统空手道主要有松涛馆流、和道流、刚柔流、糸东流四大流派。世界空手道联盟的型(套路)的比赛标准仅以松涛馆等四大流派的指定型为标准。

空手道比赛场地一般为 8×8 米。比赛项目有套路赛(型)和格斗赛(组手)两种。在组手比赛中,一方有效进攻导致对手瞬时丧失战斗能力或重心明显移动为得分标准。

2. 空手道服装

空手道道服是 1922 年船越义珍在讲道馆演武之际，从神田的生地问屋买入白木棉地，参照柔道道服的风格亲手缝制出来的。这是文献上记载最早的空手道道服。由于空手道与柔道的差异，人们对空手道道服逐渐改良，成为今天的样子。在今日的空手道道服中，传统派空手道的道服与全接触式空手道的道服有些许不同。

图 1-2 正式比赛道服

世界空手道联盟(WKF)规定空手道比赛的服装要求：选手须穿着纯白无条纹及无滚边的空手道道服。只可在道服左胸佩带国家标志或该国国旗标志，且直径不得超过 12×8 厘米，仅有道服制造厂商可以将其商标置于空手道道服上。此外，由组委会所指定的号码布须佩带于背部。选手必须一方系红色腰带，另一方系蓝色腰带。带宽 5 厘米左右，打结后，每边约留有 15 厘米的长度。

3. 空手道的等级和段位

空手道和柔道、跆拳道一样，空手道的等级也是用腰带颜色来表示的，而每一个流派都有自己的等级规则，比如松涛馆流：10～9 级：白带(初学者)；8 级：黄带；7 级：橙带；6 级：红带；5 级：蓝带；4 级：绿带；3 级：紫带；2 级，1 级：茶带；段位 1～9 段：黑带。

白带：入门后，与道服配套购买

黄带：体能、基本功、五本组手、平安一段

橙带：黄带所有内容、三本组手、平安二段

红带：橙带所有内容、三本组手(正反)、平安三段

蓝带：红带所有内容、一本组手、平安四段

绿带：蓝带所有内容、一本组手、平安五段、三人实战、破板一块

紫带：绿带所有内容、一本组手、铁骑初段、五人实战、破板三块

茶带：紫带所有内容、一本组手、自由型两套、十人实战、破板五块

黑带（入段）：茶带所有内容、十一套型、二十人实战、破板十块

白带是和道服配套购买的，然后就看各人的努力程度了。

二、空手道礼节

空手道始于礼而终于礼，由此看出礼节贯穿于“型”的演练。空手道礼节是空手道武道精神作为君子之拳的外部体现，有严格的要求和规范，分为站礼和跪礼。在行礼同时必须说：“OSU”OSU 是以下两个词的缩写：押し（Oshi）意为推；忍ぶ（Shinobu）意为忍耐。代表着耐心，决心以及坚持。礼节既是对于自己的认可也是对对手的尊重。

1. 站礼

要求：结立站，身体保持正直。手臂放于身体两侧。行礼时，臀部发力，颈部、背部不能弯曲，上身向前倾 30 度，视线随身体一起往下，但保持视线不脱离前方目标。在表示尊重的同时，保持应有的警戒状态。如果面对家人长辈，可以上身倾斜至 90 度。这时多了尊重，彻底消除警戒。

图 1-3　结立站（正）

（a）行礼正面

（b）行礼侧面

图 1-4　行　礼

2. 跪礼

要求：双膝先右后左的顺序跪地，两脚背分开贴地，臀部与脚跟轻接触，便于快速地起立。保持上身正直，肩膀放松，力量集中于丹田。手掌轻贴于大腿的上方，目视前方。女生两膝并拢，男生两膝分开为一拳距离。行礼时，以右手、左手依次贴地，整个前臂着地，手指尖 45 度向前，臀部不应离开脚跟，视线要能保持看到前方 3～5 米位置，保持警戒。脸部下去时，鼻子正好位于膝盖与手掌形成的三角中间。体现练习者对于场地的绝对服从与虔诚。起身时，以左手、右手依次收回原位。

(a) (b) (c)

图 1-5 跪 姿

(a) (b) (c)

图 1-6 行跪礼

三、基本站立步法

习练空手道，首先要从基本功开始，基本功以冲拳、打、踢的攻击技术和防守技术组成。技艺高的人，看他一冲拳、一踢脚，就知他的功底深浅。由此可以看出练习基本功的重要性。为了用敏捷的动作制服敌人，首先应有灵活的脚步，空手道的步法有弓步、虚步、桩步、马步和交叉步。攻法中手法有上步冲拳、插掌、马步冲拳、双冲拳、阴阳双冲拳、横勾拳。踢法有前踢、侧踢、后踢、凌空踢、鹰踢、二脚踢。防守的方法有从上往下防守、从下往上防守、横向防守三大类别。向上防守和向下防守，包括用手掌、拳和小臂防守，此外还有双手防守和十字防守。

空手道的基础从步法开始，而非从拳开始。尤其对于“型”的练习而言，所有的步法不是为了站而去练，是为了能快速方便地进行身体的移动。

空手道的步法，因为个人的体型不同而有所区别，所以本书没有按具体的计量单位，代之以拳为测量单位。基本立与前屈立，刚练习的人，左右距离可以宽点，为了稳定。到了一定阶段，可以减小左右距离，便于移动速度的提升。测量距离时，后脚掌着地，不要后脚背着地。

因为练习者的体型，练习年限等原因。没有一个固定不变的所谓的标准距离。练习者要谨记：好的步法要考虑稳定与速度的兼顾，重心与体位的变化。

闭足立

要求：两脚的足尖、脚跟一起并拢。手掌贴于体侧偏前处。力量集中于丹田位置，膝盖处略松，下颚略沉，视线正视前方。

图 1-7

结立

要求：脚跟并拢，脚尖分开 90 度左右。手掌贴于体侧偏前处。力量集中于丹田位置，膝盖处略松，下颚略沉，视线正视前方。

图 1-8

平行立

要求：在结立的基础上，将脚跟打开至双脚平行。手掌贴于体侧偏前处。力量集中于丹田位置，膝盖处略松，下颚略沉，视线正视前方。

图 1-9

八字立

要求：在平行立基础上，将脚掌打开 90 度左右。两手掌贴于体侧偏前处。力量集中于丹田位置，膝盖处略松，下颚略沉，视线正视前方。

内八字立

要求：在八字立基础上，脚跟打开，两脚尖内扣。力量集中于丹田位置，膝盖处略松，下颚略沉，视线正视前方。★此处要注意，因为原地出拳基本以内八字为基本，膝盖保持松劲，而非弯曲。

四股立

要求：两小腿垂直地面，膝盖尽力往后打开，与身体尽量保持平面。脚尖 45 度往前。力量集中于丹田位置。身体保持上下左右前后的张力。★此处要注意，因为四股立是空手道"型"的关键，一定要体现出安静中的气势。

图 1-10

图 1-11

图 1-12

三战立

要求：前脚脚掌内扣，后脚脚掌外侧直线向前。前脚脚跟与后脚足尖在同一直线上。两膝盖尽量内扣，力量下沉。★此处要注意，三站立是最稳定的站立，脚掌要考虑到前后左右的抓地力。

基本立

要求：前膝弯曲，视线从上方看下去基本看不到前脚尖，后腿绷直。后膝盖着地，与前脚跟基本保持左右两拳，前后一条线上。重心在两脚之间，腰部正向前方。

前屈立

要求：前膝弯曲，视线从上方看下去基本看不到前脚尖，后腿绷直。后膝盖着地，与前脚跟基本保持左右两拳，前脚跟与后膝盖之间约两拳距离。重心在两脚之间，腰部正向前方。

图 1-13

图 1-14

图 1-15

后屈立

要求：相对于前屈立，前腿伸直，后腿弯曲。前脚掌内扣，重心往后腿移。

猫足立

要求：前脚脚掌着地，脚跟抬起，尽量保持小腿垂直于地面，随时有一种正踢的状态。后脚着地，脚尖与膝盖打开 30 度左右。臀部与后脚跟保持在直线上。后腿与前腿承受体重为 7:3. 同时两个膝盖尽量夹紧，给裆部以保护。

★此处要注意，猫足立是比较难掌握的，关键点在于臀部肌肉的控制。

交叉立

要求：前膝弯曲，后脚的膝盖紧贴前脚膝盖内侧。前脚膝盖与脚尖保持同一方向，前脚跟与后脚尖在一直线上。后脚跟不着地，重心在前脚支撑。

图 1-16

图 1-17

图 1-18

正踢

要求：脚背绷直，着力点在前脚掌。★此处要注意，正踢脚型，往往着力点集中不到前脚掌，尤其在“型”的练习中容易被忽视。

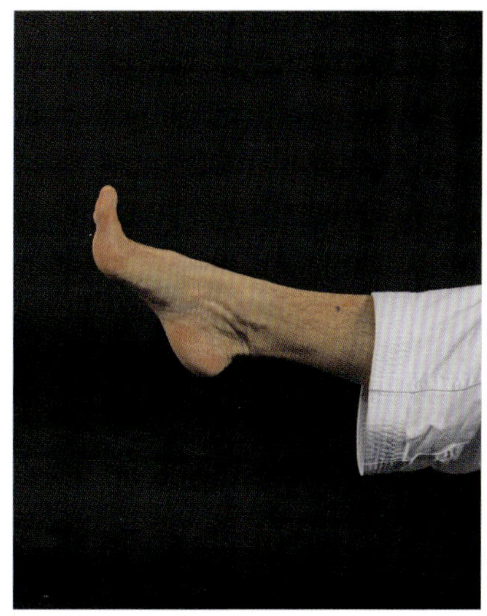

图 1-19

演武者简介

林奕权　练习空手道 22 年

四、基本手型与防御

空手道的手型与防御有很多种类，本书选用在“型”练习中经常出现的加以阐述。练习者只要记住，不同的手型在不同的实战情况下有多变灵活的进攻方式，好的防御只是一个开始。

空手道的“型”，起始动作都以防御技术开始。这点说明，空手无先手的精神与防御的重要性。相对进攻而言，一个好的防守，既能起到保护自己又能连接起下一个进攻的作用。

练习者要通过练习，去领悟防御中的发力点与接触面。防御不是目的，最好的防御也会被攻破。如何靠防御找到对手的弱点并加以攻击才是空手道的奥义。

贯手

要求：伸直手指，力量点达到指尖。大拇指并拢。手腕与手臂保持一体。

正拳

要求：四指并拢，从手指第一关节开始向掌心卷起，尽量以不留空隙的感觉去卷握，大拇指最后紧贴于中指第二关节。手背和手臂成一水平状。★此处要注意，正拳是所有拳法的基本，切记不能握成空心拳，要考虑拳前后左右的包紧。最后正拳的着力点在于食指中指的关节处。

裏拳

要求：握法与正拳一致，击打面为拳背，主要靠手腕的弹性来击打。

图 1-20

图 1-21

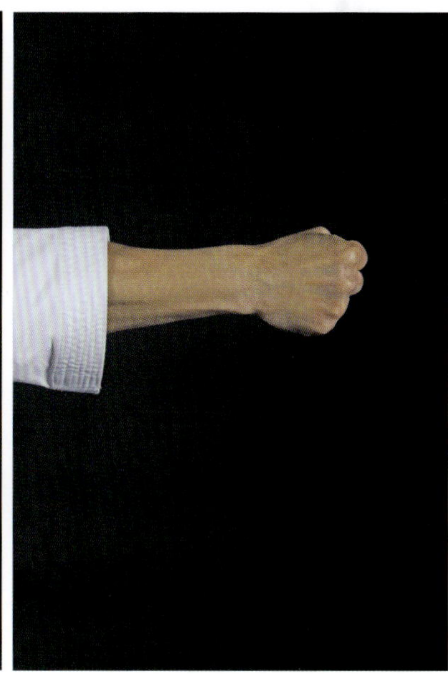

图 1-22

锤拳

要求：握法与正拳一致，击打面为小拇指一侧。

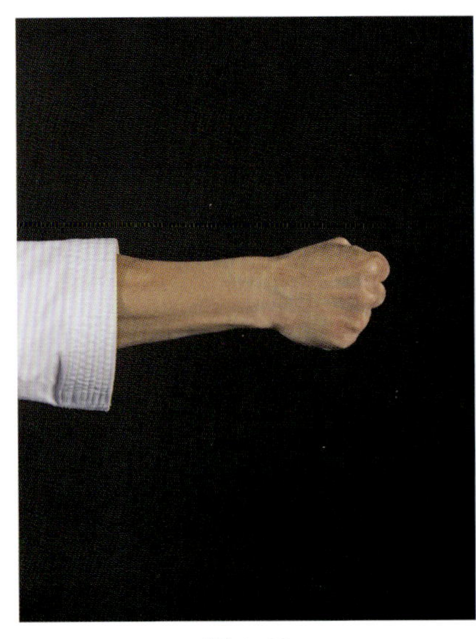

图 1-23

一本拳

要求：以正拳的握法为基础。推出中指或者食指的第二关节。大拇指要起到支撑的作用。

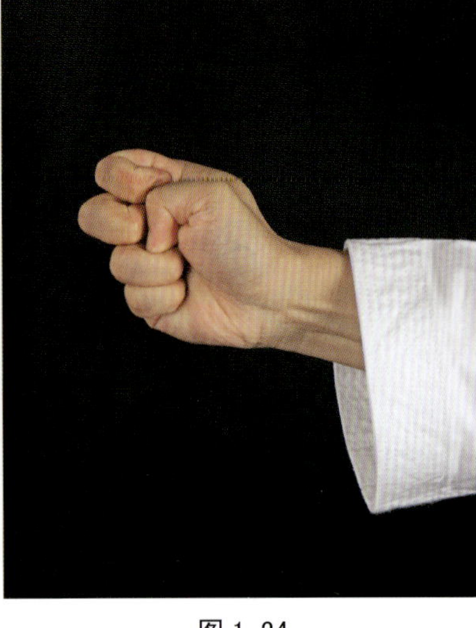

图 1-24

鹫手

要求：类似于鹫嘴，五指伸直并拢成束。着力点在于手腕或者指尖。

图 1-25

上段格挡

要求：手臂尽量贴近耳朵，前手臂斜 45 度向上，离前额一拳距离。★重点在于两手的交叉对拉和前手臂最后的接触性旋转发力。

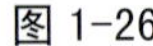

图 1-26

下段格挡

要求：前手臂放于体侧，保持 45 度向下。★重点在于两手的交叉对拉和前手臂最后的接触性旋转发力。

图 1-27

中段横格挡

要求：手臂保持 90 度，肘关节与身体保持一拳的位置，拳面与肩膀同一高度。★重点在于前手臂最后的旋转发力和手腕的抖劲。

图 1-28

中段横击打

要求：手臂保持 90 度，肘关节与身体距离一拳的位置，拳面与肩膀同一高度。前手臂超过身体中线。

图 1-29

中段手刀

要求：手指尖与肩同高，手臂保持弧线的张力，肘部垂直向下。★重点在于前手掌的竖起与沉肘，整个手臂的张力。

图 1-30

下段手刀

要求：与下格挡动作一致，将前拳伸开做手刀状态，后手刀贴于水月位置(即身体中线)。

图 1-31

上段下击打

要求：手臂与肩同高，着力点在锤拳面。

图 1-32

中段挂受挡

要求：发力点在手腕处，手指并拢。肘部垂直向下，整个手臂保持一种拧劲。

图 1-33

中段贴掌防守

要求：手掌贴于拳侧，给予格挡以支撑力。

图 1-34

中段贴拳防守

要求：小拇指贴近肘部，给予格挡以支撑力。

图 1-35

中段交叉格挡

要求：两手竖掌，手腕互相贴紧。手指尖与肩同高。

图 1-36

上段交叉格挡

要求：两手掌竖掌向上，手腕互相贴紧。交叉的手腕略高于头顶。

图 1-37

下段交叉格挡

要求：双拳拳背向上，交叉防御。

图 1-38

上段抄手格挡

要求：一手掌贴近前额，保持与眉毛高度。另一手臂略弯向前格挡。

图 1-39

肘击

要求：着力点在肘部，因为在传统空手道比赛中，不能使用肘击，很多练习“型”的选手往往容易忽视。

图 1-40

五、“型”的要点

1.“型”的介绍

空手道“型”(KATA)类似于中国的武术套路,是将实战中一些有效的空手道技法,根据一定的规律编排而成,适合单人的练习与修行。

基本上日本传统的文化和运动都是从KATA开始的。例如茶道,剑道,柔道以及空手道等。把特有的技术固定化、集中化、反复化,能更深刻地掌握其中的奥义。同时把简单的动作反复化,更能让练习者精益求精,同时在练习过程中变得谦逊。

武道的诞生伴随着伤害对方的目的,因此,在对练时也时常会出现各种危险性,而把这种危险的“技法”安全又准确地进行传授的方式之一,就是“型”的传承。

“型”的演练特点,要求具有“稳定”和“变化”的统一性(平衡、合理、互补)。“稳定”中存有强大的力量,但缺乏爆发力;而“变化”中缺乏了稳定性,则是一种失衡的行为,无法吻合运动的基本原理,最大化地发挥出能力和潜能。因此,把“稳定”和“变化”同时放入到“型”中来,才能构成空手道“型”的真实形态。

“型”并非舞蹈或者戏剧表演,它必须遵守传统的价值与理念。从实战角度而言,它必须具备真实性,同时从技术上要表现出意志的集中力,力量与潜在的打击力度。在展示出力量速度的同时,还要展示出优雅,节奏和平衡感。

如何把自己的意念和对技法意图的理解放入到一个一个动作中去才是最重要的。由此,“型”才可以获得生命力,才真正地具备了“爆发、速度、力量”等技术特点,这样一个充满精力的“型”,才能感动观赏者,才能在动态中展现美感和精髓。

对此主要概括为四点:动的时候体现出果断,静的时候体现出霸气,快的时候体现出速度,慢的时候体现出力量。

2.“型”的技术原理

“型”是一个综合性比较强的体系,“型”拳的技术方式多样,如各种格挡、冲拳、内受、外受及砸拳等。它们是空手道“型”中常见的一些进攻和防御的技术动作,看似简单的一拳,在空手道“型”里却展示着各种技能和技法。

要想打好拳,内力和腰劲的运用是关键。一个简单的冲拳动作,需要腰部的发力及身体内部动力系统的配合,才能展示空手道“型”拳原有的本色:凶猛、有力、迅捷。空手道的发力依靠的不仅仅是大块肌肉群,而是通过力量训练来强化核心力量肌肉群,利用身体原有的内部动力系统结合腰部发力、以气催力及发声的助力等手段来完成空手道“型”拳的力量技术。

一个好的技术动作需要呼吸的配合,演练“型”是激烈耗费能量的运动之一,为了调节内脏各器官之间的平衡,则需要一套特殊的呼吸法。呼吸分为阴阳两种,所谓“阳呼吸”是把呼和吸配合以发音的形式表达出来,起到发力和震慑的作用,“阴呼吸”则没有发音,要求呼吸平和,稳定,展现从容镇定的内敛之气。在空手道“型”演练及技术展示时常用的呼吸方法有:长吸长吐、短吸短吐、短吸长吐、长吸短吐、长吸短分吐以及短吸短分吐六种呼吸方法。

“型”的三要素:技的缓急,体的伸缩,力的强弱。这三点是近代空手道对“型”演练的代表解释。

本书主要收录了五套基础级的“平安型”和四套“高级型”。能够为空手道的初学者提供入门级的修行方法。为追求更高的武道境界夯实基础。

第二讲　平安初段

［学习动作］

站：结立；八字立；猫足立；基本立；前屈立

足：中段正踢；逆时针，顺时针的角度转化

手：中段格挡；上段格挡；下段格挡；中段拳锤击打；中段出拳；贴肘防御

［习练要点］

第 5 动作右肘发力；第 8 动作的左肘发力；猫足立的支撑脚拧转发力；第 20 动作先防对手正踢再防出拳的二次格挡

［课时建议］

5 课时

［注意事项］

移动时的身体重心变化；正踢时重心在支撑腿，踢完要先收小腿再踏地

一、要点演示

结立

图 2-1

行礼

图 2-2

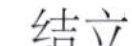
结立

图 2-3

动作

足部动作：右脚向右分开。

站立方法：外八字站立。

手部动作：双手握拳，在下腹部交叉防御后做准备。

图 2-4

动作

足部动作：以右脚掌为轴拧动，左脚自然跟进。

站立方法：猫足立。

手部动作：左手中段格挡，右手上段防御。

图 2-5

动作

足部动作：与图 2-5 相同。

站立方法：猫足立。

手部动作：右拳格挡对方出拳，拳背向下，同时左拳收到右肩处。

图 2-6

动作

足部动作：左脚向左移步，右脚跟进。

站立方法：外八字站立。

手部动作：左拳横击打，保持与肩同高，右拳收于腰间。

图 2-7

动作

足部动作：以左脚为轴，顺时针转。

站立方法：猫足立。

手部动作：右手中段格挡，左手上段防御。

图 2-8

动作

足部动作：与图 2-8 相同。

站立方法：猫足立。

手部动作：左拳格挡对方出拳，拳背向下，同时右拳收到右肩处。

图 2-9

动作

足部动作:右脚向右移步,左脚跟进。

站立方法:外八字站立。

手部动作:拳横击打,保持与肩同高,左拳收于腰间。

图 2-10

动作

足部动作:左脚为轴,身体顺时针转 90 度,右脚正踢。

站立方法:猫足立。

手部动作:右手中段格挡。

图 2-11

动作

足部动作:正踢完踏地。身体逆时针转 180 度。

站立方法:猫足立。

手部动作:左手中段手刀,右手腕在胸口准备。手背向下。

图 2-12

动作

足部动作:右脚往前一步。

站立方法:猫足立。

手部动作:右手中段手刀,左手腕在胸口准备,手背向下。

图 2-13

动作

足部动作:左脚往前一步。

站立方法:猫足立。

手部动作:左手中段手刀,右手腕在胸口准备,手背向下。

图 2-14

动作

足部动作:右脚往前一步。

站立方法:基本立。

手部动作:右手贯掌,左拳收于腰间。

图 2-15

动作

足部动作：右脚掌为轴，身体逆时针旋转225度。

站立方法：猫足立。

手部动作：左手中段手刀，右手腕在胸口准备，手背向下。

图2-16

动作

足部动作：右脚往前一步。

站立方法：猫足立。

手部动作：右手中段手刀，左手腕在胸口准备。手背向下。

图2-17

动作

足部动作：左脚掌为轴，身体顺时针旋转90度。

站立方法：猫足立。

手部动作：右手中段手刀，左手腕在胸口准备，手背向下。

图2-18

动作

足部动作：左脚往前一步。

站立方法：猫足立。

手部动作：左手中段手刀，右手腕在胸口准备，手背向下。

图2-19

动作

足部动作：身体逆时针转45度。

站立方法：基本立。

手部动作：右手中段格挡，左拳收于腰间。

图2-20

动作

足部动作：右脚中段正踢。

手部动作：与图2-20相同。

图2-21

动作
足部动作：正踢完，脚踏地。
站立方法：基本立。
手部动作：左拳中段进攻，右拳收于腰间。

图 2-22

动作
足部动作：与图 2-22 相同。
站立方法：基本立。
手部动作：左手中段格挡，右拳收于腰间。

图 2-23

动作
足部动作：左脚中段正踢。
手部动作：与图 2-23 相同。

图 2-24

动作
足部动作：正踢完，脚踏地。
站立方法：基本立。
手部动作：右拳中段进攻，左拳收于腰间。

图 2-25

动作
足部动作：右脚往前一步。
站立方法：前屈立。
手部动作：右手中段格挡，左拳小姆指贴于右肘部。

图 2-26

动作
足部动作：右脚掌为轴，身体逆时针转 225 度。
手部动作：左手下段格档，右拳收于腰间。

图 2-27

动作
足部动作：右脚往前一步。
站立方法：前屈立。
手部动作：右手上格挡。

图 2-28

动作
足部动作：左脚掌为轴，身体顺时针转 90 度。
站立方法：前屈立。
手部动作：右手下段格挡，左拳收于腰间。

图 2-29

动作
足部动作：左脚往前一步。
站立方法：前屈立。
手部动作：左手上段格挡。

图 2-30

动作
足部动作：左脚收回。
站立方法：外八字立。
手部动作：双手握拳，在下腹部交叉防御后做准备。

图 2-31

动作
足部动作：右脚并拢左脚。
站立方法：结立。
手部动作：双手自然垂直放于大腿外侧。

图 2-32

行礼，结立。

图 2-33

二、动作解析

❶

左手格挡对方右拳进攻。

图 2-34

右手格挡对方左拳进攻。

图 2-35

左拳击打对方颈部。

图 2-36

❷

对方从后面搭肩或者抓衣领。

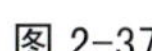

图 2-37

顺时针转身，右手格挡对方手腕，右脚正踢对方中段。

图 2-38

踢完踏地,左拳进攻对方中段。

图 2-39

左手刀格挡对方中段进攻。

图 2-40

右手贯掌，击打对方中段。

图 2-41

左手刀格挡对方中段进攻。

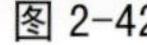

图 2-42

右手中段横拳格挡对方进攻。

图 2-43

右脚中段正踢。

图 2-44

踢完踏地，左拳进攻对方中段。

图 2-45

左手中段格挡对方出拳。

图 2-46

左脚正踢对方中段。

图 2-47

正踢完踏地，右拳进攻对方中段。

图 2-48

贴拳防御对方进攻。

图 2-49

右拳进攻对方中段。

图 2-50

左手下格挡对方正踢。

图 2-51

左手上格挡对方出拳。

图 2-52

右拳进攻对方中段。

图 2-53

演武者简介

李翰璘 2007 年 5 月出生
2013 年上海市空手道锦标赛 6~7 岁组“型”冠军
2014 年全国空手道锦标赛团体“型”6~8 岁组冠军
2014 年全国空手道俱乐部公开赛 6~7 岁组“型”冠军

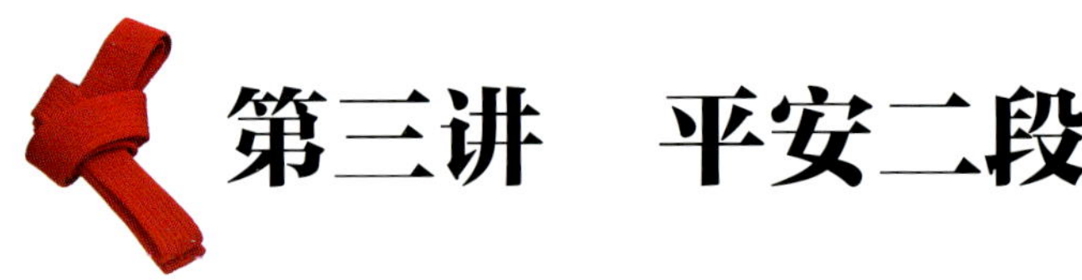

第三讲　平安二段

[学习动作]

站:结立;八字立;猫足立;基本立;前屈立;四股立

足:逆时针,顺时针的角度转化;前屈立和基本立之间的转化

手:上段格挡;下段格挡;中段拳锤击打;中段出拳;手刀

[习练要点]

任何的格挡都是先接触再旋转;移动时,两手不能松,在脚落地的瞬间开始对拉发力

[课时建议]

5 课时

[注意事项]

任何的转身,要求脚动腰不动,腰动手不动,在动作到位瞬间同时发力

一、要点演示

结立

图 3-1

行礼

图 3-2

结立

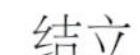

图 3-3

动作

足部动作:右脚向右分开。

站立方法:外八字立。

手部动作:双手握拳,在下腹部交叉防御后做准备。

图 3-4

动作

足部动作：以右脚掌为轴拧动,左脚自然跟进。

站立方法:猫足立。

手部动作:左拳上段下击打,右拳快速回收,放于腰间。

图 3-5

动作

足部动作:右脚向前踏出一步。

站立方法:基本立。

手部动作:右拳中段进攻,左拳收于腰间。

图 3-6

动作

足部动作：以左脚为轴，顺时针转180度。

站立方法:前屈立。

手部动作:右拳下格挡,左拳收到腰间。

图 3-7

动作

足部动作:右脚后退半步。

站立方法:基本立。

手部动作:右拳上段下击打,左拳收到腰间。

图 3-8

动作

足部动作:左脚向前一步。

站立方法:基本立。

手部动作:左拳中段进攻,右拳收于腰间。

图 3-9

动作

足部动作:右脚为轴,逆时针转 90 度。

站立方法:前屈立。

手部动作:左拳下格挡,右拳收于腰间。

图 3-10

动作

足部动作:右脚向前一步。

站立方法:前屈立。

手部动作:右拳上格挡,左拳收到腰间。

图 3-11

动作

足部动作:左脚向前一步。

站立方法:前屈立。

手部动作:左拳上格挡,右拳收于腰间。

图 3-12

动作

足部动作:右脚向前一步。

站立方法:前屈立。

手部动作:右拳上格挡,左拳收于腰间。

图 3-13

动作

足部动作:以右脚为轴,逆时针转 225 度。

站立方法:前屈立。

手部动作:左拳下格挡,右拳收于腰间。

图 3-14

动作

足部动作:右脚向前一步。

站立方法:基本立。

手部动作:右拳中段进攻,左拳收到腰间。

图 3-15

动作
足部动作:顺时针转 90 度。
站立方法:前屈立。
手部动作:右拳下格挡,左拳收于腰间。

图 3-16

动作
足部动作:左脚向前一步。
站立方法:基本立。
手部动作:左拳中段进攻,右拳收于腰间。

图 3-17

动作
足部动作:逆时针转 45 度。
站立方法:前屈立。
手部动作:左拳下格挡,右拳收于腰间。

图 3-18

动作
足部动作:右脚向前一步。
站立方法:基本立。
手部动作:右拳中段进攻,左拳收于腰间。

图 3-19

动作
足部动作:左脚向前一步。
站立方法:基本立。
手部动作:左拳中段进攻,右拳收于腰间。

图 3-20

动作
足部动作:右脚向前一步。
站立方法:基本立。
手部动作:右拳中段进攻,左拳收于腰间。

图 3-21

动作

足部动作:以右脚为轴,逆时针转225度。

站立方法:四股立。

手部动作:手刀下段格挡,右掌心向上,在胸口保持水平状。

图 3-22

动作

足部动作:右脚向前一步。

站立方法:四股立。

手部动作:右手刀下段格挡,左掌心向上,在胸口保持水平状。

图 3-23

动作

足部动作:顺时针转 90 度。

站立方法:四股立。

手部动作:右手刀下段格挡,左掌心向上,在胸口保持水平状。

图 3-24

动作

足部动作:左脚向前一步。

站立方法:四股立。

手部动作:左手刀下段格挡,右掌心向上,在胸口保持水平状。

图 3-25

动作

足部动作:左脚收回。

站立方法:外八字立。

手部动作:双手握拳,在下腹部前准备。

图 3-26

结立

足部动作:右脚并拢左脚。

站立方法:结立。

手部动作:双手自然垂直放于大腿外侧。后行礼,结立。

图 3-27

二、动作解析

❶

左拳上段下击打对方的出拳。

图 3-28

右拳进攻对方中段。

图 3-29

❷

右拳下格挡对方正踢。

图 3-30

右拳上段下击打对方的出拳。

图 3-31

左拳进攻对方中段。

图 3-32

❸

左拳下格挡对方正踢。

图 3-33

左拳上格挡对方出拳。

图 3-34

右拳进攻对方中段。

图 3-35

❹

左手刀下段格挡对方正踢。

图 3-36

右拳进攻对方中段。

图 3-37

第四讲　平安三段

[学习动作]

站:结立;八字立;猫足立;基本立;后屈立

足:逆时针,顺时针的角度转化;四股立的移动

手:中段格挡;中段交叉格挡;中段出拳;中段拳锤击打;贯掌;肘击

[习练要点]

两手交叉格挡时,做到沉肘;四股立移动,前脚掌不能打开;第25,26动作肘击不能忽视

[课时建议]

6课时

[注意事项]

四股立移动是个重点,要把握住直线移动;其中有很多贴近生活的防身技术,需要多拆解练习

一、要点演示

结立

图4-1

行礼

图4-2

结立

图4-3

动作

足部动作:右脚向右分开。

站立方法:外八字站立。

手部动作:双手握拳,在下腹部交叉防御后做准备。

图 4-4

动作

足部动作:以右脚掌为轴拧动,左脚自然跟进。

站立方法:猫足立。

手部动作:左手中段格挡,右拳快速回收,放于腰间。

图 4-5

动作

足部动作:右脚上步向左脚并拢。

站立方法:结立。

手部动作:同时进行右手中段格挡和左手下段格挡(两手同时交叉)。

图 4-6

动作

足部动作:与图 4-6 相同。

站立方法:结立。

手部动作:同时进行左手中段格挡和右手下段格挡(两手同时交叉)。

图 4-7

动作

足部动作:左脚为轴,身体顺时针转 180 度,踏出右脚。

站立方法:猫足立。

手部动作:右手中段格挡,左拳快速回收,放于腰间。

图 4-8

动作

足部动作:左脚上步向右脚并拢。

站立方法:结立。

手部动作:同时进行左手中段格挡和右手下段格挡(两手同时交叉)。

图 4-9

动作

足部动作:与图 4-9 相同。

站立方法:结立。

手部动作:同时进行右手中段格挡和左手下段格挡(两手同时交叉)。

图 4-10

动作

足部动作:右脚为轴,身体逆时针转 90 度,踏出左脚。

站立方法:猫足立。

手部动作:左手中段格挡,右拳快速回收,放于腰间。

图 4-11

动作

足部动作:右脚向前一步。

站立方法:基本立。

手部动作:右手贯掌,左拳收于腰间。

图 4-12

动作

足部动作:左脚往右踏一小步。

站立方法:后屈立。

手部动作:右掌拧动,贴于臀部(手背贴住)。

图 4-13

动作

足部动作:以右脚为支撑,身体逆时针转 90 度,踏出左脚。

站立方法:四股立。

手部动作:左拳击打,保持与肩同高,右拳收于腰间。

图 4-14

动作

足部动作:右脚往前一步。

站立方法:基本立。

手部动作:右拳中段进攻,左拳收于腰间。

图 4-15

动作

足部动作:以右脚为支撑,逆时针转 180 度,(左脚向右脚并拢)。

站立方法:结立。

手部动作:拳放于腰间(如扇子状)。

图 4-16

动作

足部动作:右脚往前一步。

站立方法:四股立。

手部动作:右肘中段格挡。

图 4-17

动作

足部动作:与图 4-17 相同。

站立方法:四股立。

手部动作:右拳从腰间往上进行中段击打,击打完快速收回腰间。

图 4-18

动作

足部动作:身体顺时针转 180 度,左脚往前一步。

站立方法:四股立。

手部动作:左肘中段格挡。

图 4-19

动作

足部动作:与图 4-19 相同。

站立方法:四股立。

手部动作:左拳从腰间往上进行中段击打,击打完快速收回腰间。

图 4-20

动作

足部动作:身体逆时针转 180 度,右脚往前一步。

站立方法:四股立。

手部动作:右肘中段格挡。

图 4-21

动作

足部动作:与图 4-21 相同。

站立方法:四股立。

手部动作:右拳从腰间往上进行中段击打,击打完定住不用收到腰间。

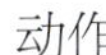

动作

足部动作:左脚往前一步。

站立方法:基本立。

手部动作:左拳中段进攻,右拳收于腰间。

动作

足部动作:右脚上步,与左脚成一直线。

站立方法:外八字立。

手部动作:与图 4-23 相同。

图 4-22

图 4-23

图 4-24

动作

足部动作:以右脚为轴逆时针转 180 度。

站立方法:外八字立。

手部动作:右拳击打左后方,右肘击打正前方,同时左肘击打正后方。

动作

足部动作:右脚往右边移步,同时左脚跟进。

站立方法:外八字立。

手部动作:左拳击打右后方,左肘击打正前方,同时右肘击打正后方。

动作

足部动作:左脚往左边移步,同时右脚跟进。

站立方法:外八字立。

手部动作:双手握拳,在下腹部交叉防御后做准备。

图 4-25

图 4-26

图 4-27

动作

足部动作:右脚并拢左脚。

站立方法:结立。

手部动作:双手自然垂直放于大腿外侧。

行礼

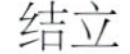
结立

图 4-28

图 4-29

图 4-30

二、动作解析

❶

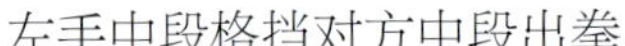
左手中段格挡对方中段出拳。

左手下段格挡对方下段出拳。

右拳上段击打对方脸部。

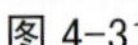
图 4-31

图 4-32

图 4-33

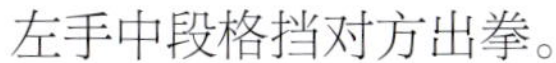

②

左手中段格挡对方出拳。

图 4-34

右脚上前一步，右手中段贯掌。对方顺势抓可擒拿右手腕。

图 4-35

右手拧动，身体呈后屈立，破坏对方反关节技术意图。

图 4-36

顺着对方的力，左脚上步，左拳击打对方腰部，同时挣脱右手。

图 4-37

右拳中段进攻。

图 4-38

左肘格挡对方进攻。

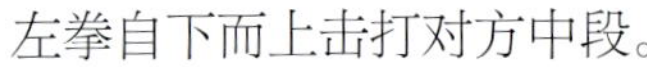

左拳自下而上击打对方中段。

右拳中段进攻。

图 4-39

图 4-40

图 4-41

对方从背后抄抱。

左肘击打对方胸腹部，右拳上段击打对方脸部。

右肘击打对方胸腹部，左拳上段击打对方脸部。

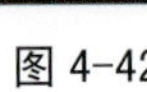

图 4-42

图 4-43

图 4-44

第五讲　平安四段

[学习动作]

站：结立；八字立；猫足立；闭足立；基本立；前屈立；交叉立

足：中段正踢；逆时针，顺时针的角度转化；垫步移动

手：中段手刀格挡；上段手刀防御；中段格挡；拳背击打；下段交叉格挡；中段横格挡；中段出拳；贴肘防御

[习练要点]

要注意身体重心的变化；正踢时身体不能起伏；猫足立转身注意腰的发力；猫足立移动注意支撑脚的发力

[课时建议]

8 课时

[注意事项]

3 个连续动作时的呼吸配合；第 5 动作右肘后拉发力；第 6 动作左肘后拉发力；第 10,13 动作正踢时支撑脚不动，落地撞肘时，支撑脚拧转；第 16 动作，踢时两手保持不变

一、要点演示

结立

图 5-1

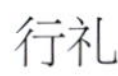

行礼

图 5-2

结立

图 5-3

动作

足部动作：右脚向右分开。

站立方法：外八字站立。

手部动作：双手握拳，在下腹部交叉防御后做准备。

图 5-4

动作

足部动作：以右脚掌为轴拧动，左脚自然跟进。

站立方法：猫足立。

手部动作：左手掌中段格挡，右手掌齐眉平放。

图 5-5

动作

足部动作：左脚掌为轴，顺时针转180度。

站立方法：猫足立。

手部动作：右手掌中段格挡，左手掌齐眉平放。

图 5-6

动作

足部动作：身体逆时针转90度，左脚正前方踏出。

站立方法：前屈立。

手部动作：双手交叉下格挡，右手在上。

图 5-7

动作

足部动作：右脚正前方踏出。

站立方法：猫足立。

手部动作：右肘格挡，左拳小拇指贴于右肘部。

图 5-8

动作

足部动作：左脚并右脚。

站立方法：闭足立。

手部动作：左拳拳背向上，左手臂在胸部保持水平状，右拳收紧于腰部。

图 5-9

动作

足部动作：身体逆时针转 90 度，左脚中段正踢。

手部动作：正踢同时，左手横挡。

动作

足部动作：正踢的腿，收回踏地。同时拧动右脚掌。

站立方法：前屈立。

手部动作：右手臂肘击，拳背向上，左手掌贴于右肘部。

动作

足部动作：右脚向左脚并拢。

站立方法：闭足立。

手部动作：右拳拳背向上，右手臂在胸部保持水平状，左拳收紧于腰部。

图 5-10

图 5-11

图 5-12

动作

足部动作：右脚中段正踢。

手部动作：踢同时，右手横挡。

动作

足部动作：正踢的腿，收回踏地。同时拧动左脚掌。

站立方法：前屈立。

手部动作：左手臂肘击，拳背向上，右手掌贴于左肘部。

动作

足部动作：右前屈立原地变为左前屈立。

手部动作：右手掌上段手刀，左手掌放于齐眉处。

图 5-13

图 5-14

图 5-15

动作

足部动作:右脚中段正踢。

手部动作:与图 9-15 相同。

动作

足部动作:右脚正踢后,收回踏向前方。

站立方法:交叉立。

手部动作:左拳中段下压,右拳放于胸口准备。

动作

足部动作:与图 5-17 相同。

站立方法:交叉立。

手部动作:左拳做完下段格挡后快速收于腰部,右拳上段拳背击打,击打完快速收回与肩同高。

图 5-16

图 5-17

图 5-18

动作

足部动作:两脚位置不变,身体逆时针转 225 度。

站立方法:猫足立。

手部动作:左手中段格挡,右拳收于腰部。

动作

足部动作:右脚中段正踢。

手部动作:与图 5-19 相同。

动作

足部动作:正踢完后右脚踏地。

站立方法:基本立。

手部动作:右拳中段进攻,左拳放于腰部。

图 5-19

图 5-20

图 5-21

动作
足部动作:与图 5-21 相同。
站立方法:基本立。
手部动作:左拳中段进攻,右拳收于腰部。

图 5-22

动作
足部动作:顺时针转 90 度。
站立方法:猫足立。
手部动作:右手中段格挡,左拳收于腰部。

图 5-23

动作
足部动作:左脚中段正踢。
手部动作:与图 5-23 相同。

图 5-24

动作
足部动作:踢完左脚踏地。
站立方法:基本立。
手部动作:左拳中段进攻,右拳放于腰部。

图 5-25

动作
足部动作:与图 5-25 相同。
站立方法:基本立。
手部动作:右拳中段进攻,左拳放于腰部。

图 5-26

动作
足部动作:身体逆时针转 45 度。
站立方法:猫足立。
手部动作:左手中段格挡,右拳小拇指贴于左肘部。

图 5-27

动作

足部动作:右脚向前踏出一步。

站立方法:猫足立。

手部动作:右手中段格挡,左拳小拇指贴于右肘部。

图 5-28

动作

足部动作:左脚向前踏出一步。

站立方法:猫足立。

手部动作:左手中段格挡,右拳小拇指贴于左肘部。

图 5-29

动作

足部动作:与图 5-29 相同。

站立方法:猫足立。

手部动作: 双手手掌分开格挡,手指指尖略比肩高。

图 5-30

动作

足部动作:右膝盖击打对手,同时右脚背绷直。

手部动作:双手掌化拳,用力下拉。

图 5-31

动作

足部动作:右脚偏左侧放下。

站立方法:交叉立。

手部动作:与图 5-31 相同。

图 5-32

动作

足部动作:右脚旋转踏地,身体逆时针转 225 度。

站立方法:猫足立。

手部动作:左手中段手刀。

图 5-33

动作

足部动作:左脚踏地,身体顺时针转 90 度,右脚踏出,左脚跟进。踏出的右脚跟先着地,在脚掌全部着地后,提起脚跟(虚步)。

站立方法:猫足立。

手部动作:右手中段手刀。

图 5-34

动作

足部动作:右脚跟着地。

手部动作:与图 5-34 相同。

图 5-35

动作

足部动作:左脚向斜后方收回半步,右脚跟着收回。

站立方法:外八字站立。

手部动作:双手握拳,在下腹部前准备。

图 5-36

动作

足部动作:右脚向左脚并拢。

站立方法:结立。

手部动作:双手自然垂直放于大腿外侧。

图 5-37

行礼

图 5-38

结立

图 5-39

二、动作解析

左手刀中段防御。

图 5-40

右手刀击打对方颈部。

图 5-41

两手下段交叉防御对方正踢。

图 5-42

左拳中段格挡对方出拳。

图 5-43

右拳中段进攻。

图 5-44

③

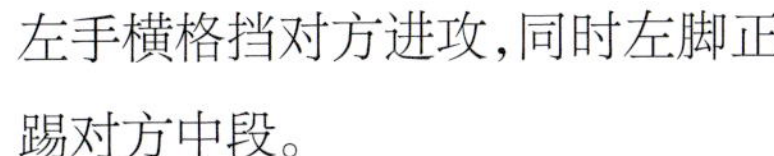

左手横格挡对方进攻，同时左脚正踢对方中段。

图 5-45

左脚正踢完落地，用右肘进行击打。

图 5-46

④

左手抓住对方手腕，右手从下往上进行防御。

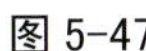

图 5-47

两手抓住对方手不变，同时右脚中段正踢。

图 5-48

左手下压防御，右拳准备（可上段击打对方脸部）。

图 5-49

5

左手中段格挡对方出拳。

图 5-50

右脚中段正踢。

图 5-51

右脚踏地同时右拳中段进攻，左拳准备进攻。

图 5-52

6

左手中段格挡。

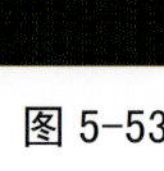

图 5-53

两手掌挡开对方的抓肩。

图 5-54

两手抓住对方手臂下拉，同时右膝袭击对方胸腹部。

图 5-55

第六讲　平安五段

[学习动作]

站:结立;八字立;猫足立;基本立;前屈立;四股立;后屈立;交叉立

足:逆时针,顺时针的角度转化

手:中段格挡;下段交叉格挡;上段手刀交叉防御;肘击;中段出拳;贴肘防御

[习练要点]

平安5突出刚劲有力;击打点要正确

[课时建议]

6课时

[注意事项]

腰部的发力控制;后屈立的重心后移

一、要点演示

结立

图6-1

行礼

图6-2

结立

图6-3

动作

足部动作:右脚向右分开。

站立方法:外八字站立。

手部动作:双手握拳,在下腹部交叉防御后做准备。

图 6-4

动作

足部动作: 以右脚掌为轴拧动,左脚自然跟进。

站立方法:猫足立。

手部动作:手中段格挡,右拳快速回收,放于腰间。

图 6-5

动作

足部动作:与图 6-5 相同。

站立方法:猫足立。

手部动作:右拳中段进攻,左拳快速回收,放于腰间。

图 6-6

动作

足部动作:右脚自然收回,向左脚并扰。

站立方法:结立。

手部动作:左拳拳背向上,左手臂在胸部保持水平状,右拳收紧于腰部。

图 6-7

动作

足部动作:以左脚掌为轴拧动。顺时针转 90 度。

站立方法:猫足立。

手部动作:右手中段格挡,左拳快速回收,放于腰间。

图 6-8

动作

足部动作:与图 6-8 相同。

站立方法:猫足立。

手部动作:左拳中段进攻,右拳快速回收,放于腰间。

图 6-9

动作

足部动作:左脚自然收回,向右脚并拢。

站立方法:结立。

手部动作:右拳拳背向上,右手臂在胸部保持水平状,左拳收紧于腰部。

图 6-10

动作

足部动作:右脚向正前方踏出。

站立方法:前屈立。

手部动作:右手中段格挡,左拳小拇指贴于右肘。

图 6-11

动作

足部动作:左脚向正前方踏出。

站立方法:前屈站立。

手部动作:双手交叉下格挡,右手在上。

图 6-12

动作

足部动作:与图 6-12 相同。

站立方法:前屈立。

手部动作: 上段手掌交叉格挡,左手在外。

图 6-13

动作

足部动作:与图 6-12 相同。

站立方法:前屈立。

手部动作:交叉手掌往右边移动。

图 6-14

动作

足部动作:与图 6-12 相同。

站立方法:前屈立。

手部动作:向右转动双手掌,用左掌按住右掌,往下压于腰部。

图 6-15

动作

足部动作:右脚回收。

站立方法:外八字立。

手部动作:左拳横击打,同时和肩膀保持一个高度,右拳收于腰部。

图 6-16

动作

足部动作:右脚正前方踏出一步。

站立方法:基本立。

手部动作:右拳中段出拳。

图 6-17

动作

足部动作:左脚掌为轴,逆时针旋转 225 度。

站立方法:四股立。

手部动作:右手下段格挡,左手收于腰部。

图 6-18

动作

足部动作:体逆时针转 90 度。

站立方法:基本立。

手部动作:手横格挡,手臂与肩膀同高,右拳收于腰部。

图 6-19

动作

足部动作:右脚往前一步。

站立方法:前屈立。

手部动作:右手肘击,拳背向上,左手掌贴于肘部。

图 6-20

动作

足部动作:左脚上步,左膝盖贴于前脚弯曲处。

站立方法:交叉立。

手部动作:右手中段格挡,左拳贴于右肘下方,拳背向上。

图 6-21

动作

足部动作：身体逆时针转 180 度，左脚跟离地。

站立方法：虚步立。

手部动作：与图 6-21 的手型相同，往上举起。

图 6-22

动作

足部动作：身体逆时针转 180 度。

站立方法：交叉立。

手部动作：坐臀拔背，两手中段交叉格挡。

图 6-23

动作

足部动作：身体顺时针转 90 度。

站立方法：前屈立。

手部动作：右手中段格挡，左拳贴于右肘。

图 6-24

动作

足部动作：与图 6-24 相同。

站立方法：后屈立。

手部动作：两手体前交叉，左手下格挡，右拳横格挡，和耳朵一个高度。

图 6-25

动作

足部动作：左脚收回半步，身体重心提高。

手部动作：与图 6-25 相同。

图 6-26

动作

足部动作：右脚往前踏出（与图 26 视线保持同一方向）。

站立方法：后屈立。

手部动作：两手在身体前交叉。右手下段格挡，左拳横格挡，与耳朵一个高度。

图 6-27

动作
足部动作:右脚向左脚移动。
站立方法:外八字立。
手部动作:两拳放于下腹部准备。

图 6-28

动作
足部动作:右脚向左脚并拢。
站立方法:结立。
手部动作:坐臂拔背,两手中段交叉格挡。

图 6-29

行礼,结立。

图 6-30

二、动作解析

❶

左手中段格挡。

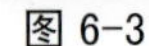
图 6-31

双手下段交叉格挡对方的正踢。

图 6-32

双手上段交叉格挡对方的出拳。

图 6-33

右手抓住对方拳,左手击打对方颈部。

图 6-34

2

左手下段格挡对方的正踢。

图 6-35

左手上段格挡对方的出拳。

图 6-36

右肘击打对方颈部或者胸腹部。

图 6-37

右拳举高准备，露出中段空挡以诱使对方进攻。

右脚侧后方上步，中段交叉格挡对方进攻。

右拳上段击打对方脸部。

图 6-38

图 6-39

图 6-40

4

右手中段格挡对方出拳。

右手下段格挡对方正踢，同时重心后移作后屈立。

重心前移，左拳中段进攻。

图 6-41

图 6-42

图 6-43

第七讲　拔塞大

[学习动作]

站:结立;闭足立;交叉立;八字立;猫足立;基本立;前屈立;四股立

足:中段回转踢;逆时针,顺时针的角度转化

手:中段贴手防御;中段格挡;下段手刀格挡;中段拳锤击打;中段出拳;两拳同时进攻;手刀挂受

[习练要点]

身体失重的感觉;腰跨的拧动;大幅度转身时重心的控制;快动作的发劲,慢动作的发力;攻防技术的连续组合

[课时建议]

10课时

[注意事项]

连续动作时的呼吸配合,尤其呼吸点的控制;手刀挂受的先拧后发力;力的强弱,技的缓急,体的收缩在这型中能充分体现

一、要点演示

结立

图7-1

行礼

图7-2

结立

图7-3

动作

足部动作:脚尖并拢。

站立方法:闭足立。

手部动作:左手包住右拳,在下腹前准备。

图 7-4

动作

足部动作:右脚向前踏出一步,左脚自然跟进。

站立方法:交叉立。

手部动作:右手中段格挡,左手掌贴住手腕防御。

图 7-5

动作

足部动作:以右脚为轴逆时针转180度,左脚踏出。

站立方法:前屈立。

手部动作:左手中段格挡,右拳收于腰间。

图 7-6

动作

足部动作:左脚回收半步。

站立方法:基本立。

手部动作:右手中段横格挡,左拳收于腰间。

图 7-7

动作

足部动作:以左脚为轴顺时针转180度,右脚踏出一步。

站立方法:前屈立。

手部动作:左手中段横格挡,右拳收于腰间。

图 7-8

动作

足部动作:右脚回收半步。

站立方法:基本立。

手部动作:右手中段横格挡,左拳收于腰间。

图 7-9

动作
足部动作：以左脚为轴顺时针转90度，收回右脚。
站立方法：四股立。
手部动作：右手下段格挡。

图 7-10

动作
足部动作：右脚往左脚方向收半步。
站立方法：外八字立。
手部动作：右手上段横格挡，左拳收于腰间。

图 7-11

动作
足部动作：右脚上前半步。
站立方法：猫足立。
手部动作：右手中段横格挡，左拳收于腰间。

图 7-12

动作
足部动作：与图 7-12 相同。
站立方法：猫足立。
手部动作：左手中段横格挡，右拳收于腰间。

图 7-13

动作
足部动作：右脚稍微向前移动，以两脚为轴，逆时针转 90 度。
站立方法：外八字立。
手部动作：左手臂水平状在胸口前准备，右拳收于腰间。

图 7-14

动作
足部动作：两脚掌为轴，顺时针转45 度，保持双脚平行。
手部动作：左手伸直，左拳中段横格挡，右拳收于腰间。

图 7-15

动作

足部动作:两脚回到原位。

站立方法:外八字立。

手部动作:右拳中段进攻,左拳收于腰间。

图 7-16

动作

足部动作:以两脚掌为轴,逆时针转 45 度,保持双脚平行。

手部动作:右手中段横格挡,左拳收于腰间。

图 7-17

动作

足部动作:两脚回到原位。

站立方法:外八字立。

手部动作:左拳中段进攻,右拳收于腰间。

图 7-18

动作

足部动作:以两脚掌为轴,顺时针转 45 度,保持双脚平行。

手部动作:左手中段横格挡,右拳收于腰间。

图 7-19

动作

足部动作:右脚向前一步。

站立方法:猫足立。

手部动作:右手下段手刀,左手掌在胸口准备,掌心向上。

图 7-20

动作

足部动作:左脚向前一步。

站立方法:猫足立。

手部动作:左手下段手刀,右手掌在胸口准备,掌心向上。

图 7-21

动作

足部动作:右脚向前一步。

站立方法:猫足立。

手部动作:手下段手刀,左手掌在胸口准备,掌心向上。

图 7-22

动作

足部动作:右脚向后撤一步。

站立方法:猫足立。

手部动作: 左手中段挂受防御,右手掌贴于胸口准备,掌心向下。

图 7-23

动作

足部动作:与图 7-23 相同。

站立方法:猫足立。

手部动作:左手下压。

图 7-24

动作

足部动作:与图 7-23 相同。

站立方法:猫足立。

手部动作: 左手在前方像写日语的"の"字,写完快速收于腰间。右手掌往左边平推。压制住对方前手臂。

图 7-25

动作

足部动作:左脚跟落下,右小腿抬起与腰带同高。

手部动作:与图 7-25 相同。

图 7-26

动作

足部动作:右足向前方踏地,逆时针转 90 度。

站立方法:外八字立。

手部动作:两拳收于左腰部,两拳背都向上。

图 7-27

动作

足部动作:从右脚为轴逆时针转90度。

站立方法:猫足立。

手部动作:左手中段手刀,右手刀贴于胸口,掌心向上。

图 7-28

动作

足部动作:右脚向前一步。

站立方法:猫足立。

手部动作:右手中段手刀,左手刀贴于胸口,掌心向上。

图 7-29

动作

足部动作:右脚向左脚并拢。

站立方法:闭足立。

手部动作:两手上段格挡。

图 7-30

动作

足部动作:右脚向前一步。

站立方法:前屈立。

手部动作:使用左右拳锤击打对手。

图 7-31

动作

足部动作:右脚向前半步,左脚跟进。

站立方法:四股立。

手部动作:右拳中段进攻,左拳收于腰间。

图 7-32

动作

足部动作:左脚向右脚并拢。

站立方法:闭足立。

手部动作:左手下格挡,右手横格挡,与耳朵齐高。

图 7-33

动作

足部动作：以两脚掌为轴，逆时针转180度。

站立方法：四股立。

手部动作：右手下段格挡，左拳在胸口准备，拳背向上。

图 7-34

动作

足部动作：右脚为轴，逆时针转90度。

站立方法：基本立。

手部动作：左手伸直，左拳中段横格挡，右拳收于腰间。

图 7-35

动作

足部动作：右脚向内回旋踢，接触左手掌。

手部动作：在回转踢腿即将接触对手时，左拳变掌。

图 7-36

动作

足部动作：右脚踢完踏在正前方。

站立方法：前屈立。

手部动作：右肘肘击，左手掌贴于右肘。

图 7-37

动作

足部动作：与图7-37相同。

站立方法：前屈立。

手部动作：右手下段格挡，左拳面贴在右肘的内侧。

图 7-38

动作

足部动作：与图7-37相同。

站立方法：前屈立。

手部动作：左手下段格挡，右拳面贴在右肘的内侧。

图 7-39

动作
足部动作:与图 7-37 相同。
站立方法:前屈立。
手部动作:右手下段格挡,左拳面贴在右肘的内侧。

图 7-40

动作
足部动作:与图 7-37 相同。
站立方法:前屈立。
手部动作:两拳收于左腰部准备。

图 7-41

动作
足部动作:与图 7-37 相同。
站立方法:前屈立。
手部动作:左拳上段进攻,右拳中段进攻,双拳动作同时进行。

图 7-42

动作
足部动作:右脚收回向左脚并拢。
站立方法:闭足立。
手部动作:右肘肘击,左手掌贴于右肘。

图 7-43

动作
足部动作:左脚向前踏出一步。
站立方法:前屈立。
手部动作:右拳上段进攻,左拳中段进攻,两拳动作同时进行。

图 7-44

动作
足部动作:左脚收回并拢右脚。
站立方法:闭足立。
手部动作:两拳收于左腰部准备。

图 7-45

动作

足部动作：右脚向前踏出一步。

站立方法：前屈立。

手部动作：左拳上段进攻，右拳中段进攻，两拳动作同时进行。

图 7-46

动作

足部动作：以右脚为轴，逆时针转 180 度，左腿弯曲，右腿伸直。

站立方法：前屈立。

手部动作：右手伸直向身体向左侧甩动。

图 7-47

动作

足部动作：与图 7-47 相同。

手部动作：右手以肘关节为轴向下翻压。

图 7-48

动作

足部动作：以双脚掌为轴，向右侧身。

站立方法：前屈立。

手部动作：左手伸直向身体右侧甩动。

图 7-49

动作

足部动作：与图 7-49 相同。

站立方法：前屈立。

手部动作：左手以肘关节为轴向下翻压。

图 7-50

动作

足部动作：左脚向右脚靠拢半步。

手部动作：与图 7-50 相同。

图 7-51

动作

足部动作：左脚后退半步，右脚跟着稍微收回。

站立方法：猫足立。

手部动作：右手中段挂受防御。左手掌贴于胸口，掌心向下。

图 7-52

动作

足部动作：与图 7-52 相同。

站立方法：猫足立。

手部动作：与图 7-52 相同。

注：视线逆时针旋转 90 度。

图 7-53

动作

足部动作：右脚向顺时针 90 度方向踏出（脚跟离地）。

手部动作：与右脚相同，右手也同时顺时针 90 度方向作中段挂受防御。

图 7-54

动作

足部动作：右脚脚跟着地，左脚跟抬起，稍微往后撤回。

站立方法：猫足立。

手部动作：左手中段挂受防御，右手掌贴于胸口，掌心向下。

图 7-55

动作

足部动作：左脚向右脚并拢。

站立方法：闭足立。

手部动作：左手包住右拳，在下腹前准备。

注：视线朝左 45 度方向看齐。

图 7-56

动作

足部动作：与图 7-56 相同。

站立方法：闭足立。

手部动作：与图 7-56 相同。

注：视线朝向正前方。

图 7-57

动作

足部动作：两脚尖分开。

站立方法：结立。

手部动作：双手自然垂直放于大腿外侧。

图 7-58

行礼

图 7-59

结立

图 7-60

二、动作解析

❶

右手中段格挡对方出拳。

图 7-61

右拳上段击打对方头部。

图 7-62

❷

左手中段格挡对方出拳。

图 7-63

右手中段格挡对方出拳。

图 7-64

左拳中段进攻。

图 7-65

❸

右手横击打对方出拳。

图 7-66

左手中段格挡对方出拳。

图 7-67

右拳中段进攻。

图 7-68

④

身体侧身移动，右手抄抱对方正踢的右腿。

左拳击打对方颈部或者抓对方衣领。

右手往上举,左手往下压。摔倒对手,实施进攻。

图 7-69

图 7-70

图 7-71

在对方右拳进攻时,使用左拳进行横击打。

右拳中段进攻。

右手中段格挡对方进攻。左拳准备中段进攻。

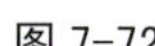

图 7-72

图 7-73

图 7-74

6

左手刀下段格挡对方正踢。

图 7-75

左手刀挂受防御对方出拳。

图 7-76

左手从下方绕上来,抓住对方左手腕。右手同时推击对方肘关节。

图 7-77

控制住对方左手同时,右脚抬高。

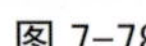

图 7-78

右脚踩踏对方右膝内侧,同时两手用力回拉。

图 7-79

⑦

左手刀中段格挡对方出拳。

图 7-80

两手上段格挡对方上段进攻。

图 7-81

右脚踏出，使用两拳锤击打对方肋部。

图 7-82

⑧

左手下段格挡对方进攻。

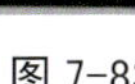

图 7-83

右手下段格挡对方正踢。

图 7-84

左拳中段进攻。

图 7-85

9

左手伸直,横格挡对方出拳。

图 7-86

右脚踢向对方腹部。

图 7-87

右肘进攻对方胸腹部。

图 7-88

10

左手下段格挡对方进攻。

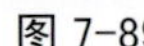

图 7-89

右手下段格挡对方进攻。

图 7-90

对方上段进攻，使用双拳同时边格挡边反击。

图 7-91

11

右手挡开对方正踢。

右手腕下压，将对方踢腿挡向体侧。

左拳进攻对方后背。

图 7-92　　图 7-93

图 7-94

12

右手抓住对方进攻的右拳手腕，同时右脚正踢。

左拳中段进攻。

图 7-95

图 7-96

第八讲　镇远征

［学习动作］

站：结立；平行立；四股立；三站立；猫足立；基本立

足：单腿支撑；逆时针，顺时针的角度转化，四股立时的变化移动

手：中段格挡；上段格挡；下段格挡；中段拳锤击打；中段出拳；贴肘防御

［习练要点］

近战技术的运用；没有踢的技术，动作要求厚重沉稳；四股立移动时的路线；大量的格挡技术运用；呼吸快慢的运用；慢动作时的力量体现，快动作时的速度体现

［课时建议］

10 课时

［注意事项］

呼吸与动作的缓急统一；步伐移动时身体的发力

一、要点演示

结立

图 8-1

行礼

图 8-2

结立

图 8-3

动作

足部动作:结立。

站立方法:结立。

手部动作:右手掌在上相叠,掌心都向上,位于腹部准备。

图 8-4

动作

足部动作:与图 8-4 相同。

站立方法:结立。

手部动作:两手掌相叠,同时往下翻,左手掌在上。

图 8-5

动作

足部动作:脚掌为轴,脚跟分开,保持两脚平行。

站立方法:平行立。

手部动作:两手化拳,在体侧分开,略往上提,同时保持下腹用力。

图 8-6

动作

足部动作:以左脚为轴,右脚向右前 45 度方向踏出。

站立方法:四股立。

手部动作:两手掌张开,手臂伸直,力量达于指尖。

图 8-7

动作

足部动作:与图 8-7 相同。

站立方法:四股立。

手部动作:两手如同抱着球一样缓慢的往上升起,手背相贴。

图 8-8

动作

足部动作:与图 8-7 相同。

站立方法:四股立。

手部动作:两手化拳,在身体两侧缓慢分开,进行格挡。

图 8-9

动作

足部动作:与图 8-7 相同。

站立方法:四股立。

手部动作:右手掌中段横格挡,左手刀放于胸口准备,掌心向上。

动作

足部动作:与图 8-7 相同。

站立方法:四股立。

手部动作:右手腕翻转,挂受防御。

动作

足部动作:与图 8-7 相同。

站立方法:四股立。

手部动作:右手收于腰间,同时左手贯掌击打(两手同时缓慢进行)。

图 8-10

图 8-11

图 8-12

动作

足部动作:右脚为轴,左脚往左前 45 度方向踏出。

站立方法:四股立。

手部动作:两手掌张开,手臂伸直,力量达于指尖。

动作

足部动作:与图 8-13 相同。

站立方法:四股立。

手部动作: 两手如同抱着球一样缓慢的往上升起,手背相贴。

动作

足部动作:与图 8-13 相同。

站立方法:四股立。

手部动作:两手化拳,在身体两侧缓慢分开,进行格挡。

图 8-13

图 8-14

图 8-15

动作
足部动作:与图 8-13 相同。
站立方法:四股立。
手部动作: 左手掌中段横格挡,右手刀放于胸口准备,掌心向上。

图 8-16

动作
足部动作:与图 8-13 相同。
站立方法:四股立。
手部动作:左手腕翻转,挂受防御。

图 8-17

动作
足部动作:与图 8-13 相同。
站立方法:四股立。
手部动作:左手收于腰间,同时右手贯掌击打(两手同时缓慢进行)。

图 8-18

动作
足部动作:左脚为轴,右脚往右前 45 度方向踏出。
站立方法:四股立。
手部动作:两手掌张开,手臂伸直,力量达于指尖。

图 8-19

动作
足部动作:与图 8-19 相同。
站立方法:四股立。
手部动作:两手抱球缓慢的往上升起,手背相贴。

图 8-20

动作
足部动作:与图 8-19 相同。
站立方法:四股立。
手部动作:两手化拳,在身体两侧缓慢分开,进行格挡。

图 8-21

动作

足部动作:与图 8-19 相同。

站立方法:四股立。

手部动作:右手掌中段横格挡,左手刀放于胸口准备,掌心向上。

图 8-22

动作

足部动作:与图 8-19 相同。

站立方法:四股立。

手部动作:右手腕翻转,挂受防御。

图 8-23

动作

足部动作:与图 8-23 相同。

站立方法:四股立。

手部动作:右手收于腰间,同时左手贯掌击打(两手同时缓慢进行)。

图 8-24

动作

足部动作:右脚靠近左脚抬起。

站立方法:鹭足立。

手部动作:右拳贴于左掌上,在胸口准备。

图 8-25

动作

足部动作:右脚往前踏出一步。

站立方法:基本立。

手部动作:右拳往外翻,击打,左掌贴于拳背。

图 8-26

动作

足部动作:右脚后退一步。

站立方法:基本立。

手部动作: 左手掌伸向正前方,右拳收于腰间。

图 8-27

动作

足部动作:与图 8-27 相同。

站立方法:基本立。

手部动作:右肘击打,左手掌贴于右肘部。

动作

足部动作:以左脚为轴,身体顺时针转 45 度,右脚画半圆踏出。

站立方法:三站立。

手部动作:右拳中段横格挡,左手掌贴住右手腕。

动作

足部动作:以右脚为轴,左脚向前踏出一步。

站立方法:四股立。

手部动作:左拳锤下段击打。

图 8-28

图 8-29

图 8-30

动作

足部动作:左脚于同一直线上后退一步。

站立方法:四股立。

手部动作:右拳锤下段击打。

动作

足部动作:以右脚为轴,身体逆时针转 45 度,左脚画半圆向前踏出。

站立方法:三战立。

手部动作:左拳中段横格挡,右手掌贴住左手腕。

动作

足部动作:以左脚为轴,右脚向前踏出一步。

站立方法:四股立。

手部动作:右拳锤下段击打。

图 8-31

图 8-32

图 8-33

动作

足部动作：右脚同一直线上后退一步。

站立方法：四股立。

手部动作：左拳锤下段击打。

图 8-34

动作

足部动作：以右脚为轴，身体逆时针转 45 度，左脚退回。

站立方法：四股立。

手部动作：双拳化掌，在身体前方交叉格挡，左手拉到额前，右手掌心向下，缓慢向下进行下段防御。

图 8-35

动作

足部动作：以左脚为轴，身体顺时针转 180 度，右脚退回。

站立方法：四股立。

手部动作：双掌在体前交叉格挡，右手拉到额前，左手掌心向下，缓慢向下进行下段防御。

图 8-36

动作

足部动作：右脚向前踏出一步。

站立方法：基本立。

手部动作：右手横击打，左手掌贴于右手腕。

图 8-37

动作

足部动作：右脚上步向前，左脚跟进。

站立方法：基本立。

手部动作：拳上高位击打，左手掌贴于右手腕。

图 8-38

动作

足部动作：与图 8-38 相同。

站立方法：基本立。

手部动作：击打的右拳快速的收到肩膀高度。

图 8-39

动作

足部动作:右脚往左边移动。

手部动作:与图 8-39 相同。

图 8-40

动作

足部动作:以左脚为轴,身体逆时针转 135 度。

站立方法:三站立。

手部动作:右拳下段格挡,左拳中段横格挡(两手同时缓慢进行)。

图 8-41

动作

足部动作:与图 8-41 相同。

站立方法:三战立。

手部动作:拳保持不动,左拳化掌逆时针翻转手腕。

图 8-42

动作

足部动作:右脚向前踏出一步。

站立方法:四股立。

手部动作: 右拳上高位勾拳击打,左手竖掌在胸口防御。

图 8-43

动作

足部动作:与图 8-43 相同。

站立方法:四股立。

手部动作:右拳上高位拳背弹击。

图 8-44

动作

足部动作:与图 8-44 相同。

站立方法:四股立。

手部动作:右手下段格挡,左拳收于腰间。

图 8-45

动作

足部动作:以左脚为轴,右脚沿直线后退。

站立方法:四股立。

手部动作:左手下段格挡,右拳收于腰间。

图 8-46

动作

足部动作:以左脚为轴,身体顺时针转 45 度,右脚跟进。

站立方法:猫足立。

手部动作:右肘中段击打,左肘击打后方目标。

图 8-47

动作

足部动作:右脚后退一步。

站立方法:猫足立。

手部动作:左肘中段击打,右拳击打后方目标。

图 8-48

动作

足部动作:左脚向右边移动。

站立方法:猫足立。

手部动作:与图 8-48 相同。

图 8-49

动作

足部动作:身体顺时针转 135 度,左脚往右边踏出。

站立方法:三站立。

手部动作:右手中段横格挡,左拳下格挡。

图 8-50

动作

足部动作:三站立。

手部动作:左手保持不变,右拳化掌,顺时针转动手腕作挂受状态。

图 8-51

动作
足部动作:左脚踏出一步。
站立方法:四股立。
手部动作：左拳上高位勾拳击打，右手竖掌在胸口防御。

图 8-52

动作
足部动作:与图 8-52 相同。
站立方法:四股立。
手部动作:左拳上高位拳背弹击。

图 8-53

动作
足部动作:与图 8-53 相同。
站立方法:四股立。
手部动作:左手下段格挡,右拳收于腰间。

图 8-54

动作
足部动作:以右脚为轴,左脚沿直线后退。
站立方法:四股立。
手部动作:右手下段格挡,左拳收于腰间。

图 8-55

动作
足部动作:以右脚为轴,身体逆时针转 45 度,左脚跟进。
站立方法:猫足立。
手部动作:左肘中段击打,右肘击打后方目标。

图 8-56

动作
足部动作:左脚后退一步。
站立方法:猫足立。
手部动作:右肘中段击打,左肘击打后方目标。

图 8-57

动作

足部动作:与图 8-57 相同。

站立方法:猫足立。

手部动作:左拳化掌,画半圆往前推防。

图 8-58

动作

足部动作:右脚往前半步,左脚跟进。

站立方法:猫足立。

手部动作:右拳背击打对方脸部,左手掌贴肘防御。

图 8-59

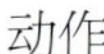

动作

足部动作:与图 8-59 相同。

站立方法:猫足立。

手部动作: 右拳快速的收回到肩膀的高度,左手掌保持贴肘防御。

图 8-60

动作

足部动作:右脚后退一步。

站立方法:猫足立。

手部动作:右拳化掌,双前臂靠拢。

图 8-61

动作

足部动作:与图 8-61 相同。

站立方法:猫足立。

手部动作:两肘部往外撑开,两手掌在胸口成山的形状。

图 8-62

动作

足部动作:左脚向右脚并拢。

站立方法:结立。

手部动作:右手掌在上相叠,掌心都向上,位于腹部准备。

图 8-63

动作

足部动作:与图 8-63 相同。

站立方法:结立。

手部动作:两手掌相叠,同时往下翻,左手掌在上。

图 8-64

动作

足部动作:结立。

站立方法:正立。

手部动作:双手自然垂直放于大腿外侧。

图 8-65

行礼,结立。

图 8-66

二、动作解析

❶

对方双手搭肩。

图 8-67

抬右脚膝盖撞击对方,同时左掌托住右拳在腹部准备。

图 8-68

右拳左掌向前推出，右脚踏向前方。

图 8-69

右脚退回，左手掌格挡对方出拳。

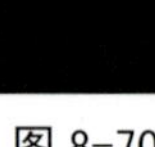

图 8-70

右肘击打对方。

图 8-71

左手掌贴住右拳，中段防御对方出拳。

图 8-72

右手抓住对方右手腕，左脚上步，左拳击打对方裆部。

图 8-73

左拳化掌,击打对方颈部。

图 8-74

左脚左掌一起发力，摔倒对手,加拳进攻。

图 8-75

③

右手下段防御对方正踢。

图 8-76

手上段防御对方出拳。

图 8-77

手部动作不变，左脚正踢对方裆部。

图 8-78

正踢完退回，左手抓对方手腕往下压，右手抓对方脚往上抬，摔倒对手。

图 8-79

右手横格挡对方出拳。

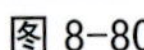

图 8-80

右拳格挡完，快速的击打对方脸部。

图 8-81

⑤

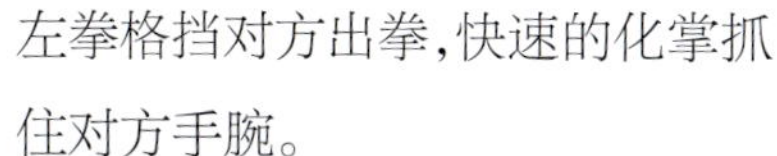

左拳格挡对方出拳，快速的化掌抓住对方手腕。

图 8-82

右脚上步，右拳自下往上击打对方下巴。

图 8-83

右拳背快速击打对方脸部。

图 8-84

⑥

对方从后方抱。

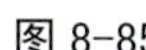

图 8-85

右脚上半步，站猫足立。臀部撞击对方裆部，左肘击打对方腹部，右肘抬高摆脱对方手腕。

图 8-86

转身右拳击打对方胸腹部。

图 8-87

演武者简介

李　楠　1992年12月出生；自幼练习武术，2007年入选中国空手道国家队。
2008~2010年全国空手道锦标赛女子个人“型”冠军
第九届亚洲青少年空手道锦标赛——女子少年组个人“型”铜牌
2011首届东亚空手道锦标赛——女子个人“型”铜牌
2013年第三届东亚空手道锦标赛——女子个人“型”银牌
2009年世界系东流空手道锦标赛——女子15~16岁组个人“型”金牌

第九讲　二十八步

这套“型”由中国拳法演变而来，相对于其他“型”，“二十八步”的动作幅度更大，移动的脚步更特殊，动作要求有连续性，有缓急之分。使用指拳，肘关节固定，指击打等技法。其中有很多需要缓慢演练的动作，应该配合上恰当地呼吸法。慢动作体现出力量，快动作体现出速度。

[学习动作]

站：结立；平行立；四股立；基本立；前屈立；单足立；猫足立

足：中段回转踢；逆时针，顺时针的角度转化；垫步移动

手：中段贴手防御；上段手刀防御；中段一本拳；中段格挡；下段手刀格挡；中段贯掌；肘击；中段出拳；下段格挡

[习练要点]

动作幅度比较大；垫步移动；动作要求连贯；一本拳的运用；肘关节的锁定

[课时建议]

12 课时

[注意事项]

身体随着技术的变化而变化；技的缓急与呼吸力量的配合；锁关节时的力量运用

一、要点演示

结立

图 9-1

行礼

图 9-2

结立

图 9-3

动作

足部动作:与图 9-3 相同。

站立方法:结立。

手部动作:两手掌交叠,左手掌在上,位于下腹部做防御准备。

图 9-4

动作

足部动作:以右脚掌为轴,逆时针转 90 度,左脚后撤。

站立方法:平行立。

手部动作: 双手化拳在下腹部做防御准备。

图 9-5

动作

足部动作:与图 9-5 相同。

站立方法:平行立。

手部动作:右拳收于腰间,拳背向下,左手化掌贴住右拳。

图 9-6

动作

足部动作:与图 9-5 相同。

站立方法:平行立。

手部动作:右拳自右往左腰部缓慢移动,拳背向前。左手掌贴住右拳。

图 9-7

动作

足部动作:以左脚掌为轴,身体顺时针转 90 度,右脚稍往右前方移动。

站立方法:猫足立。

手部动作:右拳中段格挡,左手掌贴住右拳手腕。

图 9-8

动作

足部动作:以左脚掌为轴,右脚收回。

站立方法:平行立。

手部动作: 两拳在下腹部防御准备。

图 9-9

动作

足部动作:以右脚掌为轴,身体顺时针转 90 度,踏出左脚。

站立方法:四股立。

手部动作:右拳一本拳(食指)中段出拳,左手掌画圆防御,在胸口竖掌格挡。注:两手动作同时进行。

图 9-10

动作

足部动作:以右脚为轴,身体逆时针转 45 度。

站立方法:基本立。

手部动作:左手掌上段防御,右拳收于腰间。注:重心向上,挺胸,左手抬高。

图 9-11

动作

足部动作:与图 9-11 相同。

站立方法:基本立。

手部动作:左手掌收于颈部高度,右拳锤击掌。

图 9-12

动作

足部动作:身体逆时针转 45 度,踏出右脚。

站立方法:四股立。

手部动作:右拳肘击,左手化掌贴于肘部。

图 9-13

动作

足部动作:以左脚为轴,身体顺时针转 90 度,右脚中段正踢。

手部动作:右拳食指一本拳击打。注:拳与脚的动作同时进行。

图 9-14

动作

足部动作:右脚踢完踏地。

站立方法:基本立。

手部动作:左拳中段出拳,右拳收于腰间。

图 9-15

动作

足部动作：以右脚为轴，身体逆时针转 90 度，左脚后踏。

站立方法：四股立。

手部动作：右拳中段横格挡，左拳收于腰间。

图 9-16

动作

足部动作：身体顺时针转 90 度，左脚跟上。

站立方法：基本立。

手部动作：双拳同时出拳，拳背都向上（右拳和肩同高，左拳位于胸口高度）。

图 9-17

动作

足部动作：以右脚为轴，身体逆时针转 90 度，左脚后踏。

站立方法：四股立。

手部动作：双拳中段防御（夹紧对方手臂）。

图 9-18

动作

足部动作：以右脚为轴，身体顺时针转 45 度，左脚踏出。

站立方法：基本立。

手部动作：左手掌上段防御，右拳收于腰间。

图 9-19

动作

足部动作：保持原位置。

站立方法：基本站立。

手部动作：左手掌收于颈部高度，右拳锤击掌。

图 9-20

动作

足部动作：以左脚为轴踏，右脚往右后方踏半步，身体顺时针转 180 度。

站立方法：前屈立。

手部动作：两拳上段格挡。注：双手上段格挡时，注意两拳之间保持一个拳的距离。

图 9-21

动作
足部动作：身体逆时针转 90 度，前屈立变成四股立。
站立方法：四股立。
手部动作：双拳中段防御(夹紧对方手臂)。

图 9-22

动作
足部动作：以两脚为轴，身体逆时针转 45 度。
站立方法：前屈立。
手部动作：左手上段格挡，右拳收于腰间。

图 9-23

动作
足部动作：右膝着地。
手部动作：右拳食指一本拳向下击打，左拳贴于右手臂。

图 9-24

动作
足部动作：右脚向前踏出一步，左脚稍跟进。
站立方法：基本立。
手部动作：右拳上段肘击，拳背向前。左拳保持贴于右手臂。

图 9-25

动作
足部动作：以右脚为轴，身体逆时针转 270 度。
站立方法：猫足立。
手部动作：右手刀下段格挡，左手刀收到右肩位置。

图 9-26

动作
足部动作：与图 9-26 相同。
站立方法：猫足立。
手部动作：左手刀下段格挡，右手刀收到胸口位置。注：图 9-26～图 9-27 动作应连续进行。

图 9-27

动作
足部动作:与图 9-26 相同。
站立方法:猫足立。
手部动作:左拳中段格挡,右拳放在额前,拳背面向脸部。

图 9-28

动作
足部动作:以左脚为轴,身体顺指针转 180 度,右脚跟进。
站立方法:猫足立。
手部动作:右拳中段格挡,左拳放在额前,拳背面向脸部。

图 9-29

动作
足部动作:以左脚为轴,身体逆时针转 90 度,右脚抬起。
站立方法:鹭足立。
手部动作:双手手刀在身体前方张开,挂受防御。

图 9-30

动作
足部动作:右脚后退一步。
站立方法:基本立。
手部动作:两手掌掌心相对,在胸口准备。右手掌心向下,左手掌心向上。

图 9-31

动作
足部动作: 身体逆时针转 45 度,踏出左脚。
站立方法:基本立。
手部动作:两手掌保持相叠,击向前方。

图 9-32

动作
足部动作:与图 9-32 相同。
站立方法:基本立。
手部动作:两手掌收于胸前。注:图 9-32 ~ 图 9-33 动作应连续进行。

图 9-33

动作

足部动作:以两脚为轴,身体顺指针转 90 度。

站立方法:基本立。

手部动作：左手掌在上，右手掌在下。

图 9-34

动作

足部动作：右脚向前踏出，左脚跟进。

站立方法:基本立。

手部动作:两手掌保持相叠,击向前方。

图 9-35

动作

足部动作:与图 9-35 相同。

站立方法:基本立。

手部动作:右两手掌收回于胸前。

图 9-36

动作

足部动作:体逆时针转 45 度,踏出右脚,左脚跟进。

站立方法:基本立。

手部动作:两手掌保持相叠,击向前方。

图 9-37

动作

足部动作:与图 9-37 相同。

站立方法:基本立。

手部动作:两手掌收回于胸前。

图 9-38

动作

足部动作：身体逆时针转 180 度，右脚往左边跨半步。

站立方法:基本立。

手部动作：右手刀自头部往下击打,左手掌收到腰间。

图 9-39

动作
足部动作:右脚往前踏出一步。
站立方法:基本立。
手部动作:左手刀自头部往下击打,右手掌收于腰间。

图 9-40

动作
足部动作:右脚往前踏出一步。
站立方法:四股立。
手部动作:右手掌贯手进攻,左手掌放于胸口,掌心向内。

图 9-41

动作
足部动作:左脚往前踏出一步。
站立方法:基本立。
手部动作: 左手刀自头部往下击打,右手掌收于腰间。

图 9-42

动作
足部动作:与图 9-42 相同。
站立方法:基本立。
手部动作: 右手刀自头部往下击打,左手掌收于腰间。

图 9-43

动作
足部动作:左脚往前踏出一步。
站立方法:四股立。
手部动作:左手掌贯手进攻,右手掌放于胸口,掌心向内。

图 9-44

动作
足部动作:身体顺时针转 45 度,踏出右脚,左脚跟进。
站立方法:基本立。
手部动作: 右拳食指一本拳中段进攻,左手掌放于右手下方,掌心向下。

图 9-45

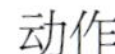

动作

足部动作：右脚向前一步，左脚跟进。

站立方法：基本立。

手部动作：右拳食指一本拳下段进攻，左手掌放于右手上方，掌心向内。

图 9-46

动作

足部动作：身体逆时针转 180 度，左脚往左后方踏出半步。

站立方法：基本立。

手部动作：左手掌上段防御，右拳收于腰间。

图 9-47

动作

足部动作：右脚中段正踢

手部动作：左手掌收到颈部位置，右拳锤击打。注：击打与正踢同时进行。

图 9-48

动作

足部动作：正踢完向前大步踏出，左脚跟进。

站立方法：基本立。

手部动作：右拳食指一本拳中段进攻，左手掌放于右手下方，掌心向下。

图 9-49

动作

足部动作：右脚向前一步，左脚跟进。

站立方法：基本立。

手部动作：右拳食指一本拳下段进攻，左手掌放于右手上方，掌心向内。

图 9-50

动作

足部动作：两脚为轴，身体逆时针转 135 度。

站立方法：前屈立。

手部动作：左拳中段肘击，右拳收于腰间。

图 9-51

动作

足部动作:右脚往前踏出一步。

站立方法:前屈立。

手部动作:右拳下段格挡,左拳收于腰间。

图 9-52

动作

足部动作:左脚中段踢,接触右手掌。

手部动作:在脚接触时,右拳化掌。

图 9-53

动作

足部动作:左脚踢完,踏在后方

站立方法:前屈立。

手部动作:左手中段肘击,右掌贴于左肘。

图 9-54

动作

足部动作:与图 9-54 相同。

站立方法:前屈立。

手部动作:右拳中段肘击,左拳收于腰间。

图 9-55

动作

足部动作:左脚往前踏出一步。

站立方法:前屈立。

手部动作:左拳下段格挡,右拳收于腰间。

图 9-56

动作

足部动作:右脚中段踢,接触左手掌。

手部动作:在脚接触时,左拳化掌。

图 9-57

动作

足部动作：右脚踢完，踏在后方。

站立方法：前屈立。

手部动作：右手中段肘击，左掌贴于右肘。

图 9-58

动作

足部动作：右脚往前一步。

站立方法：基本立。

手部动作：右拳中段横格挡，左拳收于腰间。

图 9-59

动作

足部动作：与图 9-59 相同。

站立方法：基本立。

手部动作：左拳中段进攻，右拳收于腰间。

图 9-60

动作

足部动作：左脚往前一步。

站立方法：基本立。

手部动作：左拳中段横格挡，右拳收于腰间。

图 9-61

动作

足部动作：与图 9-61 相同。

站立方法：基本立。

手部动作：右拳中段进攻，左拳收于腰间。

图 9-62

动作

足部动作：右脚往前一大步，左脚跟进。

站立方法：猫足立。

手部动作：双拳同时出拳，拳背向上(右拳和肩同高，左拳在胸口高度)。

图 9-63

动作

足部动作:与图 9-63 相同。

站立方法:猫足立。

手部动作:双拳中段防御(夹紧对方手臂)。

动作

足部动作:右脚往左边移动,身体逆时针转 180 度。

站立方法:猫足立。

手部动作:右拳在左腰准备,左手掌贴于右拳锤位置。

动作

足部动作:与图 9-65 相同。

站立方法:猫足立。

手部动作:右拳中段横格挡,左手掌贴于右拳手腕。

图 9-64

图 9-65

图 9-66

动作

足部动作:左脚向右脚并拢。

站立方法:结立。

手部动作:两手掌交叠,左手掌在上,位于腹部防御做准备。

动作

足部动作:结立。

站立方法:结立。

手部动作: 右双手自然垂直放于大腿外侧。

行礼,结立。

图 9-67

图 9-68

图 9-69

二、动作解析

❶

右拳中段格挡对方出拳。

图 9-70

右拳拳背击打对方脸部。

图 9-71

❷

左手掌防御对方出拳,右拳食指一本拳进攻对方腰腹部。

图 9-72

③

左手上段防御对方进攻。

图 9-73

右拳锤击打对方颈部。

图 9-74

右脚上步，右肘击进攻对方腰腹部。

图 9-75

④

对方左拳进攻,右拳食指一本拳边格挡边进攻,同时右脚正踢。

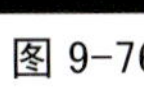

图 9-76

左拳中段进攻。

图 9-77

右手中段横格挡对方出拳。

图 9-78

双拳同时上下进攻。

图 9-79

双手夹紧对方手臂。

图 9-80

反关节攻击对方手臂。

图 9-81

左手上段防御对方进攻。

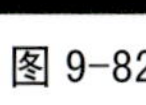

图 9-82

右拳中段进攻对方腰部。

图 9-83

⑥

双手上段防御对方进攻。

图 9-84

双手夹紧对方手臂。

图 9-85

反关节攻击对方手臂。

图 9-86

右拳食指一本拳进攻对方裆部。

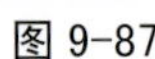

图 9-87

右手伸入对方大腿中间位置，右膝着地。

图 9-88

把对方身体扛起来，实施摔技。

图 9-89

⑧

左手挂受抓住对方右拳进攻。

图 9-90

右手挂受抓住对方左拳进攻，同时抬起右脚。

图 9-91

两手抓住对方手腕同时，右脚正踢对方中段。

图 9-92

两手逆时针拧转对方手腕。

图 9-93

将对方摔倒。

图 9-94

9

左手掌托挡对方右拳进攻。

图 9-95

右手抓住对方手腕，左手往上翻转,反关节攻击对方。

图 9-96

10

双手刀同时进攻对方。

图 9-97

⑪

左手刀落下，防御对方右拳进攻。

图 9-98

右手刀落下，防御对方左拳进攻。

图 9-99

右手抓住对方手腕，左手中段贯掌对方腹部。

图 9-100

右拳食指一本拳中段进攻对方腰部。

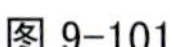

图 9-101

左手防御对方出拳，右拳食指一本拳进攻对方裆部。

图 9-102

⑬

左手上段防御对方进攻。

图 9-103

右拳上段攻击对方脸部，同时右脚正踢对方腹部。

图 9-104

⑭

双拳同时上下攻击对方。

图 9-105

第十讲　公相君(大)

［学习动作］

站:结立;八字立;猫足立;基本立;前屈立;后屈立;四股立;侧弓步

足:中段正踢;逆时针,顺时针的角度转化;两段正踢

手:中段手刀;上段格挡;中段出拳;中段贯掌;上段手刀格挡;下段格挡;中段砸拳;肘部格挡;拳锥击打;中段格挡;上段格挡;下段格挡;中段出拳

［习练要点］

格挡时手肘夹紧;正踢使用前脚掌击打;转身时重心在支撑脚;假想来自四面的敌人进攻;变化技术的应用

［课时建议］

12 课时

［注意事项］

腰跨的充分运用;转身的重心转换;发力与呼吸的结合;在被多名对手围攻时,运用各种手势,踢,肘,膝的技术

一、要点演示

结立

行礼

结立

图 10-1

图 10-2

图 10-3

动作

足部动作:与图 10-3 相同。

站立方法:结立。

手部动作:左手在外,两手手掌相叠,在下腹部准备。

图 10-4

动作

足部动作:右脚往右移一步。

站立方法:八字立。

手部动作:与图 10-4 相同。

图 10-5

动作

足部动作:与图 10-5 相同。

站立方法:八字立。

手部动作:两手慢慢向上抬起,超过头顶。。

图 10-6

动作

足部动作:与图 10-6 相同。

站立方法:八字立。

手部动作:两手如画一个圆一样缓慢落下。

图 10-7

动作

足部动作:与图 10-7 相同。

站立方法:八字立。

手部动作: 右手刀与左手掌相接触。

图 10-8

动作

足部动作:以右脚为轴,身体逆时针旋转 90 度。

站立方法:猫足立。

手部动作:左手刀中段格挡。

图 10-9

动作

足部动作:以左脚为轴,身体顺时针旋转 180 度。

站立方法:猫足立。

手部动作:右手刀中段格挡。

图 10-10

动作

足部动作:右脚略微前移,面向正前方,呈八字立。

站立方法:八字立。

手部动作:左手平行放于胸口准备,右拳收于腰间。

图 10-11

动作

足部动作:以两脚掌为轴,身体顺时针转 45 度,同时两脚保持平行。

手部动作:左手中段横格挡。。

图 10-12

动作

足部动作:以两脚掌为轴,返回八字站立。。

站立方法:八字立。

手部动作:右拳中段进攻,左拳收于腰间。

图 10-13

动作

足部动作:以两脚掌为轴,身体逆时针旋转 45 度,同时两脚保持平行。

手部动作:右手中段横格挡。。

图 10-14

动作

足部动作:以两脚掌为轴,返回八字站立。。

站立方法:八字立。

手部动作:左拳中段进攻,右拳收于腰间。

图 10-15

动作

足部动作：以两脚掌为轴，身体顺时针转 45 度，同时两脚保持平行。

手部动作：左手中段横格挡。

图 10-16

动作

足部动作：身体顺时针转 135 度，向后方，右脚正踢。

手部动作：右手中段横格挡，与正踢同时进行。

图 10-17

动作

足部动作：踢完落地，身体逆时针转 180 度到正前方。

站立方法：猫足立。

手部动作：左手刀中段格挡。

图 10-18

动作

足部动作：右脚上步。

站立方法：猫足立。

手部动作：右手刀中段格挡。

图 10-19

动作

足部动作：左脚上步。

站立方法：猫足立。

手部动作：左手刀中段格挡。

图 10-20

动作

足部动作：右脚上步。

站立方法：基本立。

手部动作：右手中段贯掌。注：四指并拢。

图 10-21

动作
足部动作：左脚往右稍微移动，身体逆时针旋转 180 度。
站立方法：基本立。
手部动作：左手掌在额前防御准备，右手刀上段格挡。

图 10-22

动作
足部动作：右脚中段正踢。

图 10-23

动作
足部动作：右脚踢完落地。身体逆时针转 90 度。
站立方法：后屈立。
手部动作：左手下段格挡，右拳在额前防御准备。

图 10-24

动作
足部动作：与图 10-24 相同。
站立方法：后屈立。
手部动作：右拳下段锤击，左拳收于右肩。

图 10-25

动作
足部动作：以右脚为轴，收回左脚。
站立方法：基本立。
手部动作：左手下段格挡，右拳收于腰间。

图 10-26

动作
足部动作：与图 10-26 相同。
站立方法：基本立。
手部动作：左手掌在额前防御准备，右手刀上段格挡。

图 10-27

动作

足部动作：右脚中段正踢。

图 10-28

动作

足部动作：右脚正踢完落地。

站立方法：后屈立。

手部动作：左手下段格挡，右拳在额前防御准备。

图 10-29

动作

足部动作：与图 10-29 相同。

站立方法：后屈立。

手部动作：右拳下段锤击，左拳收于右肩。

图 10-30

动作

足部动作：以右脚为轴，收回左脚。

站立方法：基本立。

手部动作：左手下段格挡，右拳收于腰间。

图 10-31

动作

足部动作：左脚向右脚并拢。

站立方法：闭足立。

手部动作：左手平行放于胸口，右拳收于腰间。

图 10-32

动作

足部动作：左脚中段正踢。

手部动作：左手上段横格挡，与正踢同时进行。

图 10-33

动作
足部动作:左脚踢完落地。
站立方法:前屈立。
手部动作:右肘击打,左手掌贴于右肘。

动作
足部动作:右脚向左脚并拢。
站立方法:闭足立。
手部动作:右手平行放于胸口,左拳收于腰间。

动作
足部动作:右脚中段正踢。
手部动作:右手上段横格挡,与正踢同时进行。

图 10-34

图 10-35

图 10-36

动作
足部动作:右脚踢完落地。
站立方法:前屈立。
手部动作:左肘击打,右手掌贴于左肘。

动作
足部动作:以右脚为轴,身体逆时针转 135 度。
站立方法:猫足立。
手部动作:左手刀中段格挡。

动作
足部动作:右脚上步。
站立方法:猫足立。
手部动作:右手刀中段格挡。

图 10-37

图 10-38

图 10-39

图 10-40:动作

足部动作:以左脚为轴,身体顺时针旋转 90 度。

站立方法:猫足立。

手部动作:右手刀中段格挡。

动作

足部动作:左脚上步。

站立方法:猫足立。

手部动作:左手刀中段格挡。

动作

足部动作:以右脚为轴,身体逆时针旋转 45 度。

站立方法:基本立。

手部动作:左手掌在额前防御准备,右手刀上段格挡。

图 10-40

图 10-41

图 10-42

动作

足部动作:右脚中段正踢。

手部动作:与图 10-42 相同。

动作

足部动作:右脚踢完落地。

手部动作:左手下段格挡,右拳在胸口准备。

动作

足部动作:左脚靠近右脚。

站立方法:交叉立。

手部动作:右拳拳背高位击打,击打完快速收到肩部高度。

图 10-43

图 10-44

图 10-45

动作
足部动作:左脚后退,右脚垫步退后。
站立方法:基本立。
手部动作:右手中段横格挡。

动作
足部动作:与图 10-46 相同。
站立方法:基本立。
手部动作:左拳中段进攻。

动作
足部动作:与图 47 相同。
站立方法:基本立。
手部动作:右拳中段进攻。

图 10-46

图 10-47

图 10-48

动作
足部动作:右膝提起。
手部动作:左手掌贴于右膝内侧。

动作
手部动作:左手掌贴于右肘。

动作
足部动作:以左脚为轴,身体逆时针旋转 180 度,右脚落地,半转身伏下,脸转向后方。
手部动作:双手手指同肩宽扶地。

图 10-49

图 10-50

图 10-51

动作

足部动作：左脚上步，右脚垫步。

站立方法：猫足立。

手部动作：左手刀中段格挡。

图 10-52

动作

足部动作：右脚上步。

站立方法：猫足立。

手部动作：右手刀中段格挡。

图 10-53

动作

足部动作：以右脚为轴，身体逆时针旋转 270 度。

站立方法：猫足立。

手部动作：左手中段格挡。

图 10-54

动作

足部动作：与图 10-54 相同。

站立方法：猫足立。

手部动作：右拳中段进攻。

图 10-55

动作

足部动作：以左脚为轴，身体顺时针旋转 180 度，垫步移动。

站立方法：猫足立。

手部动作：右手中段格挡。

图 10-56

动作

足部动作：与图 10-56 相同。

站立方法：猫足立。

手部动作：左拳中段进攻。

图 10-57

动作
足部动作:与图 10-57 相同。
站立方法:猫足立。
手部动作:右拳中段进攻。

动作
足部动作:以左脚为轴,身体顺时针旋转 90 度,右脚正踢。
手部动作:右手中段格挡,与正踢同时进行。

动作
足部动作:右脚踢完落地,身体逆时针旋转 180 度。
站立方法:猫足立。
手部动作:左手刀中段格挡。

图 10-58

图 10-59

图 10-60

动作
足部动作:与图 10-60 相同。
站立方法:猫足立。
手部动作:左手掌下压。

动作
足部动作:右脚往前一步。
站立方法:基本立。
手部动作:右手中段贯掌进攻,左手掌贴于右肘下方。

动作
手部动作:右手翻转。

图 10-61

图 10-62

图 10-63

动作

足部动作：以右脚为轴，身体逆时针旋转 270 度，左脚踏出。

站立方法：四股立。

手部动作：左手中段横格挡。

图 10-64

动作

足部动作：垫步。

站立方法：四股立。

手部动作：左拳拳背上段击打。

图 10-65

动作

足部动作：垫步。

站立方法：四股立。

手部动作：右肘击打，左手掌贴于右肘。

图 10-66

动作

足部动作：垫步。

站立方法：四股立。

手部动作：右手从高位向下击打，左手格挡。

图 10-67

动作

足部动作：以右脚为轴，身体顺时针旋转 180 度。

站立方法：四股立。

手部动作：左手下段格挡。

图 10-68

动作

足部动作：与图 68 相同。

站立方法：四股立。

手部动作：右拳下段击打，左手在下。

图 10-69

动作
足部动作：与图 10-69 相同。
站立方法：四股立。
手部动作：两手化掌，交叉上段格挡。

动作
足部动作：以右脚为轴，身体顺时针转 270 度。
站立方法：基本立。
手部动作：保持不变。

动作
足部动作：与图 71 相同。
站立方法：基本立。
手部动作：两手握拳，交叉收回于胸口。

图 10-70

图 10-71

图 10-72

动作
足部动作：起跳，左脚正踢。
手部动作：保持不变。

动作
足部动作：左脚踢完，空中换右脚正踢。
手部动作：保持不变。

动作
足部动作：右脚正踢完落地。
站立方法：基本立。
手部动作：右拳拳背高位击打，击打完快速收到肩部高度。

图 10-73

图 10-74

图 10-75

动作

足部动作：以右脚为轴，身体顺时针转 180 度，屈膝沉腰。

站立方法：外八字立。

手部动作：右手作下段抄手格挡。

图 10-76

动作

足部动作：两膝盖伸直。

站立方法：外八字立。

手部动作：右手抄手举起，与耳同高。

图 10-77

动作

足部动作：与图 77 相同。

站立方法：外八字立。

手部动作：两拳在下腹部前准备。

图 10-78

动作

足部动作：右脚向左脚并拢。

站立方法：结立。

手部动作：双手自然垂直放于大腿外侧。

图 10-79

行礼

图 10-80

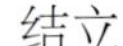

结立

图 10-81

二、动作解析

❶

右对方右拳中段进攻，斜后方转身,左手横击打。

图 10-82

对方左拳进攻,右拳中段反击。

图 10-83

右手中段格挡对方右拳进攻，左拳准备中段进攻。

图 10-84

❷

对方从后面抓衣领。

图 10-85

向后顺时针转身，右手格开对方手臂,同时右脚正踢。

图 10-86

正踢完,左拳中段进攻对方腰腹部。

图 10-87

③

对方右拳中段进攻，猫足立，左手手刀格挡。

图 10-88

基本站立，右手中段贯掌反击。

图 10-89

④

后屈立，左拳击打对方腿部。

图 10-90

用右拳击打对方腿部。

图 10-91

两手张开，抄抱对方小腿。

图 10-92

抄抱小腿,翻倒对手。

图 10-93

右脚踩踢对方。

图 10-94

左手上段横格挡,挡开对方出拳。

图 10-95

格挡的同时正踢。

图 10-96

左手化掌牵住对方手臂,右肘击打。

图 10-97

6

左手抓住对方右手腕，右手自下往上托住对方肘部。

图 10-98

右脚中段正踢。

图 10-99

左手挡住对方出拳。

图 10-100

右拳拳背上段击打对方面部。

图 10-101

左手格挡对方进攻。

图 10-102

右拳中段进攻对方，左拳准备中段进攻。

图 10-103

右手挂受，抓住对方出拳。

抓住对方手的同时，用膝盖撞击对方大腿侧面。

左肘击打对方手臂。

图 10-104

图 10-105

图 10-106

左手格挡对方进攻。

右拳中段进攻。

左拳中段进攻。

图 10-107

图 10-108

图 10-109

9

左手掌下压住对方进攻。

图 10-110

右手贯掌进攻，被对方格挡。

图 10-111

对方准备反关节击打。

图 10-112

顺着对方的力，转身变成四股立，化解对方的进攻。

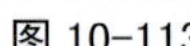

图 10-113

左拳拳背上段击打对方面部。

图 10-114

右肘击打对方胸腹部。

图 10-115

左手抄抱对方正踢。

右拳击打对方被抱住的腿。

图 10-116

图 10-117

两手上段交叉格挡对方进攻。

左脚正踢，被对方抓住。

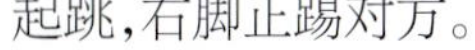

起跳，右脚正踢对方。

图 10-118

图 10-119

图 10-120

演武者简介

张文俊 1990 年 9 月出生;2000 年开始练习空手道

2012 年全国空手道锦标赛,成人男子个人“型”亚军

2014 年全国空手道俱乐部公开赛,成人男子个人“型”冠军

附录　型规则

ARTICLE 1：KATA COMPETITION AREA

第一条：型的比赛场地

1. The competition area must be flat and devoid of hazard.
   比赛场地必须平坦且无危险。
2. The competition area must be of sufficient size to permit the uninterrupted performance of Kata.
   比赛场地必须足够大，以允许选手能够毫无阻碍的完成整套型的演练。

EXPLANATION：

注释：

Ⅰ. For the proper performance of Kata a stable smooth surface is required. Usually the matted Kumite areas will be suitable.
为了型的演练能够正常的完成，比赛场地的表面必须平整稳固。一般情况下，铺有垫子的组手比赛场地就合适。

ARTICLE 2：OFFICIAL DRESS

第二条：正式服装

1. Contestants and Judges must wear the official uniform as defined in Article 2 of the Kumite Rules.
   选手和裁判必须依照组手比赛规则中第二条的规定来穿着正式服装。
2. Any person who does not comply with this regulation may be disbarred.
   任何人员不遵守本条规则，都会被取消资格。

EXPLANATION:

注释:

Ⅰ. The karate-gi jacket may not be removed during the performance of Kata.

不得在演练型的过程中脱掉空手道上衣。

Ⅱ. Contestants who present themselves incorrectly dressed will be given one minute in which to remedy matters.

如果某位选手出场比赛时穿着不当,他将会被给予一分钟的时间去补救。

ARTICLE 3: THE JUDGING PANEL

第三条:裁判小组

1. The panel of five Judges for each match will be designated by the Tatami Manager.

   每场比赛的裁判小组的五位成员将由场地经理指派。

2. The Judges of a Kata match must not have the nationality of either of the participants.

   场上裁判不可有与双方任何一位选手相同国籍者。

3. In addition, timekeepers, scorekeepers and caller/announcers will be appointed.

   此外,还需指派计时员、记分员、和宣告员。

EXPLANATION:

注释:

Ⅰ. The Chief Judge will sit in the centre position facing the contestants and the other four Judges will be seated at the corners of the competition area.

主裁面向选手坐在中间。另外其四名裁判坐在比赛场地的四个角落。

Ⅱ. Each Judge will have a red and a blue flag or, if electronic scoreboards are being used, an input terminal.

每个裁判都将手执红蓝旗各一。如果使用电子记分板,则手持输入终端。

ARTICLE 4: CRITERIA FOR DECISION

第四条:判定标准

Official kata list

正式型列表

Only Kata from the official kata list may be performed:

只允许演练正式型列表中所规定的型:

Anan	安南	Jion	慈恩	Papuren	八步连
Anan Dai	安南大	Jitte	十手	Passai	拔塞
Annanko	安南公	Jyuroku	十六手	Pinan 1-5	平安1-5
Aoyagi	青柳	Kanchin	完战	Rohai	鹭牌
Bassai Dai	拔塞大	Kanku Dai	观空大	Saifa(Saiha)	碎破
Bassai Sho	拔塞小	Kanku Sho	观空小	Sanchin	三战
Chatanyara Kushanku	北谷屋良公相君	Kanshu	完周	Sanseiru	三十六
Chinte	珍手	Kosokun(Kushanku)	公相君	Sanseru	三十六
Chinto	镇东	Kosokun(Kushanku) Dai	公相君大	Seichin	十战
Fukyugata 1-2	普及型1-2	Kosokun Shiho	公相君四方	Seipai	十八
Gankaku	岩鹤	Kururunfa	久留顿破	Seirui	十六
Garyu	卧龙	Kusanku	观空	Seisan(Seishan)	十三
Gekisai(Geksai) 1-2	击碎 1-2	Matsumura Rohai	松村鹭牌	Shinpa	心波
Gojushiho	五十四步	Matsukaze	松风	Shinsei	新生
Gojushiho Dai	五十四步大	Matusumura Bassai	松村拔塞	Shisochin	四向战
Gojushiho Sho	五十四步小	Meikyo	明镜	Sochin	壮镇
Hakucho	白鸟	Myojo	明净	Suparinpei	一百零八
Hangetsu	半月	Naifanchin(Naihanshin) 1-3	内步进 1-3	Tekki 1-3	铁骑1-3
Haufa	八鹤	Nijushiho	二十四步	Tensho	转掌
Heian 1-5	平安1-5	Nipaipo	二十八步	Tomari Bassai	泊手拔塞
Heiku	黑虎	Niseishi	二十四	Useishi(Gojushiho)	五十四
Ishimine Bassai	石嶺拔塞	Ohan	敖汉?	Unsu(Unshu)	云手
Itosu Rohai 1-3	糸洲鹭牌1-3	Pachu	巴球	Wankan	王冠
Jiin	慈阴	Paiku	白虎	Wanshu	汪辑

Note: Names of some kata are duplicated due to the variations customary in spelling in Romanization. In several instances a kata may be known under a different name from style (ryu-ha) to style, and in exceptional instances an identical name may in fact be a different kata from style to style.

注意:由于拼音字母拼写习惯的不同,一些型的名称可能是重复的。一些情况下同一个型在不同流派中可能名称不同,而一些特殊的情况中,名称相近的两个型在不同的流派中是完全不同的两个型。

Assessment

评 定

In assessing the performance of a contestant or team the Judges will evaluate the performance based on equal weight of each of the three main criteria.

裁判在根据评判标准对某一选手或队伍型的演练进行评判时,三项主要评判标准的每一项都同样重要。

The performance is evaluated from the bow starting the kata until the bow ending the kata with the exception of team medal matches, where the performance, as well as the timekeeping starts at the bow in the beginning of the kata and ends when the performers bow after completing the Bunkai.

型的评判是从型演练前的鞠躬开始,到演练后的鞠躬结束。团体型的奖牌赛中,对演练的评判和计时则从型演练前的鞠躬开始,到分解演练结束后的鞠躬结束。

All of the three major criteria are to be given equal importance in the evaluation of the performance.

评判时,全部三个主要评判标准应具有相同的重要性。

Bunkai are to be given equal importance as the kata itself.

型的分解与型本身同样重要。

Kata Performance 型的演练	Bunkai Performance 分解的演练 (applicable to team bouts for medals) (应用于团体型奖牌争夺赛)
1. Conformance 一致性 to the form itself and the standards of the applicable style (ryu-ha) 与型的本身,和所属流派的标准相符	1. Conformance (to kata) 一致性(与型) using the actual movements as performed in the kata 使用其演练型中所展示的动作
2. Technical performance 技术能力的表现 a. Stances 步法 b. Techniques 技法 c. Transitional movements 转换的动作 d. Timing/Synchronisation 时机(的把握)/同步性 e. Correct breathing 正确的呼吸 f. Focus (kime) 专注力 g. Technical difficulty 技术的难度	2. Technical performance 技术能力的表现 a. Stances 步法 b. Techniques 技法 c. Transitional movements 转换的动作 d. Timing 时机(的把握) e. Control 控制力 f. Focus (kime) 专注力 g. Difficulty of techniques performed 展示技术的难度
3. Athletic performance 运动能力的表现 a. Strength 力量 b. Speed 速度 c. Balance 平衡力 d. Rhythm 节奏	3. Athletic performance 运动能力的表现 a. Strength 力量 b. Speed 速度 c. Balance 平衡 d. Timing 时机(的把握)

Disqualification

取消资格

A competitor or a team of competitors may be disqualified for any of the following reasons:

某一选手或队伍可以因以下任何原因被取消比赛资格:

1. Performing the wrong kata or announcing the wrong kata.
   演练错误的型,或宣告错误的型名。
2. Failing to bow at the beginning and completion of the kata performance.
   没有在型的演练前或演练后行鞠躬礼。
3. A distinct pause or stop in the performance.
   在演练过程中出现明显的犹豫或停顿。
4. Interference with the function of the judges (such as the judge having to move for Safety reasons or making physical contact with a judge).
   干扰裁判的工作(如:因安全因素而使裁判员需要进行移动,或与裁判员有身体的接触)。
5. Belt falling off during the performance of kata.
   在型的演练过程中,腰带脱落。
6. Exceeding the total time limit of 6 minutes duration for Kata and Bunkai.
   型和分解的总演练时间超过了6分钟的时限。
7. Failure to follow the instructions of the Chief Judge or other misconduct.
   不遵守主裁的指令,或其它不当行为。

Fouls

犯规行为(失误)

The following fouls, if apparent, must be considered in the evaluation according to above criteria.

如果出现以下的犯规行为,必须根据以上的评判标准进行考虑。

a) Minor loss of balance.
   稍有失去平衡。

b) Performing a movement in an incorrect or incomplete manner such as failure to fully execute a block or punching off target.
   某个动作演示的方式不正确或不完整,如:格挡动作没有完全施展,或拳未击打在目标上。

c) Asynchronous movement, such as delivering a technique before the body transition is completed, or in the case of team kata; failing to do a movement in unison.
   动作不同步,如:在身体的转换完成前施展一个技术动作,或在团体型演练中,某一动作未能同步完成。

d) Use of audible cues (from any other person, including other team members) or theatrics such as stamping the feet, slapping the chest, arms, or karate-gi, or inappropriate exhalation, will automatically be penalized by the judges deducting the total portion of the score for the technical performance of the kata （and thus losing one third of the total score for the performance).

采用声音的(从其它任何人处,包括队伍的其它成员),或动作行为的提示,如:顿足、拍打胸部、手臂、或空手道服,和不适当的吐息,将会直接导致裁判扣除技术能力表现一项的全部得分(也就是失去整个演练总评分数的三分之一)。

e) Belt coming loose to the extent that it is coming off the hips during the performance.

在演练过程中,腰带松开接近脱落。

f) Time wasting, including prolonged marching, excessive bowing or prolonged pause before starting the performance.

浪费时间,包括长时间的入场,过度的鞠躬,或开始演练前长时间的停顿。

g) Causing injury by lack of controlled technique during Bunkai.

在分解的演示过程中,因缺乏控制的技术而造成了受伤。

EXPLANATION:

注释:

Ⅰ. Kata is not a dance or theatrical performance. It must adhere to the traditional values and principles. It must be realistic in fighting terms and display concentration, power, and potential impact in its techniques. It must demonstrate strength, power, and speed — as well as grace, rhythm, and balance.

型并非舞蹈或戏剧表演。它必须遵守传统的价值及理念。必须具有如同实战般的真实性,同时从技术上也要表现出意志的集中力、力量、和潜在的打击力度。在展示出力量、气势和速度的同时,还要展示出它的优雅、节奏和平衡感。

Ⅱ. In Team Kata, all three team members must start the Kata facing in the same direction and towards the Chief Judge.

团体比赛中,在开始型的演练时,三位选手必须全部面向主裁。

Ⅲ. The members of the team must demonstrate competence in all aspects of the Kata performance, as well as synchronization.

在团体比赛中,队伍成员必须表现出型的演练所需的各方面的能力,同时保持动作的一致性。

Ⅳ. It is the sole responsibility of the coach or the competitor to ensure that the Kata as notified to the score table is appropriate for that particular round.

确认通报给记分台的型是否适合于该轮比赛是教练或选手的责任。

ARTICLE 5: OPERATION OF MATCHES

第五条:比赛的运作

1. At the start of each bout and in answer to their names, the two contestants, or teams, one wearing a red belt (AKA), and the other wearing a blue belt (AO), will line up at the match area perimeter facing the Chief Kata Judge. Following a bow to the Judging Panel and then to each other, AO will then step back out of the Match Area. After moving to the starting position AKA will bow and make a clear announcement of the name of the Kata that is to be performed, and begin the kata. On completion of the Kata, AKA will after bowing at the end of the kata leave the area to await the performance of AO who will follow the same procedure for performing his/her kata. After AO's Kata has been completed both will return to the match area perimeter and await the decision from the Panel.

   在每一回合比赛开始前,在双方选手点名确认手无误后,一方系红带(AKA),一方系蓝带(AO),面向主裁并排站在赛场地边缘。在向裁判小组行鞠躬礼之后相互行礼,蓝方选手将先退出比赛场地。红方选手在移动至指定起始位置后,应行礼并清楚的宣告他将要演练的型名,然后开始演练。在演练完毕行礼之后,红方选手将退出比赛场地,等候蓝方选手的演练。蓝方选手应按照同样的程序进行演练。在蓝方选手的演练完成之后,双方应回到比赛场地边缘等待裁判小组的判决结果。

2. If the Chief Judge is of the opinion that a competitor should be disqualified, he may call the other Judges in order to reach a verdict.

   如果主裁认为应取消某一选手资格,他可以召集边裁以达成一致的判决。

3. If a contestant is disqualified the Chief Judge will cross and uncross the flags and then raise the flag indicating the winner.

   如果某位选手被判取消比赛资格,主裁应以旗子做出交叉再分开的动作,然后举旗示意获胜一方。

4. After completion of both Kata, the contestants will stand side by side on the perimeter. The Chief Judge will call for a decision (HANTEI) and blow a two-tone blast on the whistle whereupon the Judges will cast their votes. In instances where both AKA and AO are disqualified in the same match, the opponents scheduled for the next round will win by bye (and no result is announced), unless the double disqualification applies to a medal bout, in which case the winner will be declared by Hantei.

   在两位选手均完成型的演练后,双方应一起并排站在比赛场地边缘。然后主裁将要求判定(HANTEI),在主裁两声哨响后,场上裁判将进行投票。当出现红、蓝双方在一场比赛中同时被判取消资格的情况时,下一轮比赛的对手将会因为轮空而获胜(不需宣布比赛结果)。除非这种双方被判取消资格的情况出现在奖牌赛中,这时候将以判定(Hantei)来决定获胜方。

5. The decision will be for AKA or AO. No ties are permitted. The competitor, who receives the majority of votes

will be declared the winner.

判决结果将为红方或蓝方获胜。判决结果不允许为平手。得票数最多的一方选手为胜方。

6. In the event that a competitor withdraws after the opponent has started his performance the competitor may re-use the kata performed in any subsequent round as this situation is considered as won by kiken. （This is an exception from Art. 3.5.）

如果某一选手开始进行型的演练后,对手弃权。该选手可以在之后任何一回合的比赛中再次演练这套已演练过的型,因为该回合比赛可以记为因对方弃权(kiken)而获胜。(这是规则第3条第5点规定下的一种例外情况。)

7. The competitors will bow to each other, then to the Judging Panel, and leave the area.

双方选手将相互行鞠躬礼,再向裁判小组行礼,最后离场。

EXPLANATION:

注释:

Ⅰ. The starting point for Kata performance is within the perimeter of the competition area.

型比赛的起始点在比赛场地边缘内。

Ⅱ. The Chief Judge will call for a decision （HANTEI）and blow a two-tone blast on the whistle. The Judges will raise the flags simultaneously. After giving sufficient time for the votes to be counted （approximately 5 seconds） the flags will be lowered after a further short blast on the whistle.

主裁将会先宣布进行判定(HANTEI),然后吹两声口哨。场上裁判将同时将旗子举起。在给出足够统计票数的时间后(约5秒),主裁再鸣哨一次,裁判员将旗子一起放下。

Ⅲ. Should a competitor or team fail to turn up when called or withdraws（Kiken）the decision will be awarded automatically to the opponent without the need to perform the previously notified Kata. In this case the winning competitor or team may use the Kata intended for that round for a subsequent round.

如果某一选手或队伍检录时不到,或比赛弃权(KIKEN),他的对手将自动取得该轮比赛的胜利,不需要再上场演练已申报的型。出现这种情况时,获胜的选手或队伍可以在下一轮比赛时继续使用该轮已申报的型。